写作模板

新媒体写作一学就会

蓝歌 著

内 容 简 介

对于刚接触新媒体写作的人来说，没有什么比写作模板更重要的了。这看似是套路，实际上是为初学者提供了行之有效的写作方法。只要我们脑海中有实质的内容，就可以把相关信息填入模板，顺利完成写作。

本书分为7章，主要包括写作改变了我的人生、写稿前的思考模板与素材、写稿时的结构模板、行文时的模板、语言润色模板、新手如何进行日常写作训练，以及新手写作必知等。

本书浓缩了作者5年多的写作实战经验的精华，通俗易懂，案例丰富，实用性强，特别适合新媒体写作小白，以及有写作需求的职场人士。本书可以解决"写什么""怎么写"的写作障碍，快速实现从0到1的突破。

图书在版编目（CIP）数据

写作模板：新媒体写作一学就会 / 蓝歌著. — 北京：北京大学出版社，2024.1
ISBN 978-7-301-34274-9

Ⅰ. ①写… Ⅱ. ①蓝… Ⅲ. ①新闻写作 Ⅳ. ①G212.2

中国国家版本馆CIP数据核字(2023)第141783号

书　　　名	写作模板：新媒体写作一学就会 XIEZUO MUBAN：XIN MEITI XIEZUO YIXUEJIUHUI
著作责任者	蓝歌　著
责任编辑	王继伟　孙金鑫
标准书号	ISBN 978-7-301-34274-9
出版发行	北京大学出版社
地　　　址	北京市海淀区成府路205号　100871
网　　　址	http://www.pup.cn　　新浪微博：@北京大学出版社
电子邮箱	编辑部 pup7@pup.cn　　总编室 zpup@pup.cn
电　　　话	邮购部 010-62752015　发行部 010-62750672　编辑部 010-62570390
印　刷　者	三河市博文印刷有限公司
经　销　者	新华书店
	880毫米×1230毫米　32开本　5.25印张　124千字 2024年1月第1版　2024年5月第2次印刷
印　　　数	4001–6000册
定　　　价	39.00 元

未经许可，不得以任何方式复制或抄袭本书之部分或全部内容。
版权所有，侵权必究
举报电话：010-62752024　　电子邮箱：fd@pup.cn
图书如有印装质量问题，请与出版部联系，电话：010-62756370

前言

对于普通人而言，写作的投资成本很低，只要有一台能上网的电脑就可以开始创作。而新媒体时代的到来，让更多的人通过写作有了表达观点的可能。掌握了写作技能，就可以将个人表达与读者需求有效地结合起来，顺利写出能引发读者共鸣且传播率高的内容，从而扩大个人影响力，打造个人品牌。

新媒体写作不是简单的文字组合，其背后是一套系统的能力组合：高度敏锐的观察力、思考与筛选信息的能力、严谨顺畅的逻辑力、清晰有序的结构力、能与读者共情的沟通力……这些能力，不但能提高我们的生活水平，还能给职场加分。

想要掌握写作技能，个人努力固然重要，可若一开始没有方向、没有技巧，则很容易走弯路，事倍功半。所以，对初学者来说，模板很重要。写作初期，模板就像一张蓝图，给出了创作的方向和思路，帮助我们捋清内容走向，把孤立的内容衔接成整体，从而快速成稿。

对于创作者来说，写作热情非常重要。如果一开始写不出来，就会陷入无限的焦虑中，越焦虑越写不出来，最终放弃写作。而写作模板能保护我们的创作热情，先有初稿再迭代优化，从而进入正向的写作循环。

这本书包括什么内容

本书共分为7章，主要内容如下。

第1章为写作改变了我的人生，主要讲了笔者因为写作改变人生的故事，以及写作模板的重要性。

第2章为写稿前的思考模板，主要介绍了写作思考的重要性、拆解不同类型文章的方法及思考模板。写作不是简单的文字排列组合，也不是简单的素材堆积，而是需要将意识转化成通俗易懂的书面语，让读者产生阅读的欲望。在下笔之前，要经过深思熟虑，每部分的内容都需要紧扣主题来展开描述。

第3章为写稿时的结构模板与素材，主要介绍了列大纲的模板、新媒体文章的结构模板以及填充素材的技巧。初学者在结构和素材的应用上通常有所欠缺，这容易导致行文混乱，想到哪儿写到哪儿。如果有框架思维，写作就有路径，不容易离题。

第4章为行文时的模板，主要介绍了文章逻辑的重要性以及文章从标题到结尾行文过程中的相关模板。一篇文章是否有说服力，很大程度上取决于文章是否有逻辑，简单来说就是上下文是否衔接自然、前后逻辑是否能自洽。

第 5 章为语言润色模板，主要介绍了语言润色的方法和技巧。一篇文章除了结构和逻辑，语言表达也很关键。有些文章读起来平平无奇，多半是因为语言表达上过于生涩；而有些文章读起来让人感觉酣畅淋漓，多半是因为在语言表达上下了功夫。

第 6 章为新手如何进行日常写作训练，主要介绍了日常写作训练方法。写作初期不宜贪多，要求自己日更 2000 字的文章是不现实的，可以从短小文章的写作训练开始，保持写作的灵感和状态。

第 7 章为新手写作必知，主要针对初学者介绍了写作的误区、写作的心态管理、快速上稿的技巧，并归纳了一些写作时的典型问题及回复，让初学者少走弯路。

▷ 这本书的特色

1. 实战经验：这本书浓缩了笔者 5 年多的写作实战与教学经验，将理论与实践有效结合，内容丰富，实操性强。

2. 适合新手：从写作的底层逻辑开始讲解，详细介绍新媒体写作的本质与技巧，手把手教大家快速写出一篇合格的文章。

3. 可视化写作：将写作拆分为思考、写稿、改稿三大部分，提炼总结出相关的创作模板，初学者只需要套用模板，就能快速写出一篇合格的文章。

▶ 本书适用人群

◇ 新媒体写作零基础人员；

◇ 新媒体内容运营人员；

◇ 自由撰稿人；

◇ 想通过写作变现的各行各业人士；

◇ 对新媒体写作感兴趣的人员。

温馨提示

本书附赠写作学习相关资源，可用微信扫描右侧二维码，关注微信公众号，并输入77页下方的资源下载码，根据提示获取。

博雅读书社

第 1 章
写作改变了我的人生

1.1 职场受挫，逆袭重塑 /001

1.1.1 从失业抑郁到"爆文"作者 /003
1.1.2 坚持写作五年，重塑了我的生活 /006

1.2 初学写作，模板很重要 /009

1.2.1 写作模板的作用 /011
1.2.2 从写作小白到资深写手，要经历三个阶段 /012

第 2 章
写稿前的思考模板

2.1 写作能力差的背后，是缺乏深度思考 /013

2.1.1 材料选题如何审题立意 /014
2.1.2 常规选题如何审题立意 /016
2.1.3 思考对写作的重要性 /018

2.2 学会拆解 /018

2.2.1 鸡汤观点文拆解 /019
2.2.2 书评观点文拆解 /024

　　　　2.2.3　人物观点文拆解　/ 029
　　　　2.2.4　新手拆解文章时需要注意的问题　/ 033

　　2.3　鸡汤观点文思考模板　/ 034

　　2.4　人物观点文思考模板　/ 039

　　2.5　书评观点文思考模板　/ 043

　　2.6　影评 / 剧评观点文思考模板　/ 051

　　2.7　如何提升思考力　/ 059

第 3 章
写稿时的结构模板与素材

　　3.1　列大纲的模板　/ 061
　　　　3.1.1　列大纲的注意事项　/ 061
　　　　3.1.2　如何列大纲　/ 062

　　3.2　新媒体文章的结构模板　/ 064
　　　　3.2.1　并列式结构　/ 064
　　　　3.2.2　对照式结构　/ 067
　　　　3.2.3　递进式结构　/ 068

　　3.3　填充素材　/ 068
　　　　3.3.1　搜索素材的步骤　/ 069
　　　　3.3.2　多渠道搜索素材　/ 072

3.3.3　如何找到合适的金句　/076

3.3.4　如何多角度应用一个素材　/078

3.3.5　筛选素材　/084

3.3.6　找素材时，心态管理比技巧更重要　/089

第 4 章
行文时的模板

4.1　文章逻辑的重要性　/091

4.2　文章标题模板　/092

4.3　开头的重要性及常见问题　/097

4.4　鸡汤观点文开头模板　/098

4.5　人物观点文开头模板　/101

4.6　书评观点文开头模板　/103

4.7　叙述模板　/108

4.8　过渡句　/110

4.9　如何让文章更有感情　/115

4.10　文章结尾模板　/118

第 5 章
语言润色模板

5.1　学会仿写，让语言变得优美　/121

5.2 学会扩写，让语言变得更丰富 / 124

5.3 巧换句式，增强语言感染力 / 127

5.4 巧用修辞，让语言更生动形象 / 128

5.5 增加词汇量 / 130

5.6 掌握技巧，改出好文章 / 131

第 6 章
新手如何进行日常写作训练

6.1 阅读训练 / 139

6.2 写作思维训练 / 140

6.3 实战训练 / 145

第 7 章
新手写作必知

7.1 写作的误区 / 148

7.2 新手写作心态管理 / 150

7.3 新手快速上稿技巧 / 152

7.4 写作经典 10 问 / 154

第 1 章
写作改变了我的人生

"人生的道路虽然漫长,但紧要处常常只有几步,特别是当人年轻的时候。"

人生之路,走对了,步步生辉;走错了,举步维艰。

我很庆幸在 2018 年选择了写作这条路,起初是一种爱好,后来为了消弭职场受挫带来的颓丧,越写越上头,把爱好变成了职业。这个世界上最幸福的事情之一,大概就是能做自己喜欢的事情,顺带赚到了钱。

这些年,我见证了无数人靠写作实现了职业自由、财富自由,也见证了无数人通过写作实现了阶层跃迁。

毫无疑问,写作是一件低门槛、高回报的事情,是我们普通人实现逆袭的最佳方式之一。我的起点并不高,普通家庭出身,普通大学毕业,做了一份平平无奇的工作,还差点因为找不到工作而抑郁,但因为会写作,我有了更多的选择权。倘若此时的你和曾经的我一样,陷入了迷茫与焦虑中,不妨来学习写作,写着写着,人生就悄然改变了。

1.1 职场受挫,逆袭重塑

毕业后,我在一家品牌广告公司做文案策划,薪水低得可怜。工作之余,我想赚点零花钱,经过多番寻找,发现投稿是一条不错的路子。现在回想起来,我的投稿之路还是挺顺利的。

我刚开始不知道门路，就在网上搜索"投稿"二字，只要看到有投稿字样的链接，就点进去查看。第一个合作方是在豆瓣上找到的，给一个培训机构写软文，内容是教学生学好语文、数学、英语的方法以及总结一些学习技巧。一篇文章 800 字，很好写，虽然稿费不高，但通过写作赚钱这件事给我带来了极大的成就感。每逢下班和周末，我都会写稿。上手之后，一个月也能挣一两千元，这对于毕业不久的我来说是一笔"巨款"。

从 2015 年到 2017 年，我写过教育、金融、婚礼、珠宝、服装、电器、古玩、培训等十多种行业的软文，稿费最高一个月有 5000 元左右。这几年，我大概写了 20 万字的软文，稿费加起来也有五位数。但是，我写着写着就迷茫了。从数量上来看，我写了很多文章，可我的写作水平不见长进。因为这类文章对逻辑、结构的要求不高；另外单价低，只有写得多，才会有比较可观的收入，这无形中占据了我大量的业余时间，限制了我的个人成长。

事情发生转变是在 2018 年，当时我辞去某上市公司品牌策划的职位，想换个新环境。没想到这一选择竟然改变了我的人生。刚开始辞职时，我满腔热血，对未来充满了信心。我认为自己头顶着上市公司品牌策划的光环，还有四年的工作经验，肯定能找到一份薪水翻倍、福利好的新工作。

但现实不如人愿。我找了三个月的工作，一直被拒绝。有的企业觉得我期望的薪资过高；有的企业根本不招人，把招聘信息挂在网上只是"挂羊头卖狗肉"。

2018 年 1 月的深圳天冷得刺骨。有一天清早，我冒着严寒从南山穿越拥挤的人潮，来到福田面试。我在休闲区足足等了两小时，才等到姗姗来迟的面试官。他看了一眼我的简历，让我做一下自我介绍，而我才介绍到一半，他就问我对薪水有什么要求，我如实相告。结果他直接对我说："我们给不起你想要的薪水,你走吧。"这一场谈话从开始到结束不过两分钟。那一刻,我怒火中烧,却也不敢任性撒气。我备受委屈,并不是因为不被录取,而是因为感受到了面试官对求职者的轻蔑。走出公司大门,我忍不住哭了起来,觉得自己保护了二十多年的尊严被别人狠狠踩在脚底下蹂躏。我第一次感受到职场的残酷。

后来,我面试一次,被拒绝一次,最后索性就不去面试了,在家"摆烂"。很长的一段时间里,我闭门不出,整天胡思乱想,觉得职场残酷、社会残忍、人生无望,郁郁寡欢。

"当上帝关了这扇门,就一定会为你打开另一扇门。"在家"摆烂"的日子,社群就是上帝给我打开的另一扇门。

1.1.1 从失业抑郁到"爆文"作者

2018年,知识付费盛行,各种社群横空出世。当时我付费加入了一个读书社群,每天都在群里分享读书心得,并且每次分享完都能得到好评。这些好评在如今看来无足轻重,可对于当时的我来说却珍贵无比。因为这些夸赞,我发现自己并不是一无是处,原来自己也有闪光点,这才使我逐渐恢复自信。后来我在社群里分享自己的写作经验,没想到还挺受欢迎,很多人都觉得我能在网上赚到5位数的稿费,真的太厉害了。没想到在现实中受挫的我,居然在网络社群中找到了价值感。

人被肯定多了,也就对生活有了希望,我开始捡起写作这个爱好。当时新媒体写作很火,公众号写手很赚钱,我也想试一试。大概是我在投稿上没栽过跟头,所以有些不知天高地厚,再加上学生时代的作文都被老师当作范文,我认为自己写个新媒体软文应该不难。于是我摩拳擦掌,写了一篇《你要活成别人羡慕的样子》的文章，写的时候心里想着一定能过稿。

把文章发送给对方后，我每隔两小时就刷新一下邮箱，看看有没有回复。三天后，我等到的回复是："不好意思，您的稿子不合适。"我有点不服气，认为自己写得很认真，而且对比平台发布的文章，不管是用词还是叙述，我都更胜一筹。

不服输的我将稿子投给其他家，结果第二、第三、第四家给的回复都是不合适。至于为什么不合适，我至今也没能知道原因。

就算被拒绝无数次，我依然觉得自己的文章写得不错，还觉得这些公众号的稿子不怎么样，试图用这种"吃不到葡萄说葡萄酸"的想法来无视自己的自大与无知。后来，我甚至开始怀疑平台是不是根本就不收稿，而是通过征稿变相"吸粉"。

稿子投不出去，我想起了一位做公众号编辑的朋友，便发给她看看。朋友看了说："你这篇稿子没法收，选题不行，标题不行，内容不行，写得太随意了，完全是流水账，对读者没有意义。"那句"对读者没有意义"一下就戳痛了我的心。之后，她发了一篇文章给我，并强调这样的稿子才是微信公众号喜欢的文章。我把这篇文章打印出来，跟自己写的文章进行对比，我的脸一下就红到脖子根儿了。我这才发现，自己的文章存在很多问题，并不符合公众号的要求。

这是我在投稿上第一次碰壁。幸亏有了这次碰壁，否则我还沉浸在自己的文字世界里，总觉得自己写的文章很完美。我是个比较"玻璃心"的人，为了保护仅有的自信，也为了提高上稿率，我找出100篇优秀的新媒体文章，然后一篇一篇地拆解、学习。

有句话说:"越学习,越发现自己无知。"此话不假,当我们困守在方寸之地时,看到的世界不过井盖么大,却总认为自己就是世界的中心,也就容易对别人的要求嗤之以鼻。后来为了锻炼自己,我开始了一项日更计划——每天坚持写 2000 字,并持续在网上更新了一年。正因为"日更 2000 字"这个标签,很多人都佩服我的毅力,甚至成了我的粉丝。

时至今日,我都特别感谢那段日更的日子。因为它,我变得充实。更重要的是,我发现了人生的意义。后来,我用两个月的时间成了十点读书的签约作者、樊登读书(现更名为"帆书")的原创作者、头条的"爆文"作者,文章的阅读量从个位数到十位数、百位数、千位数、万位数,甚至百万……我从一个职场 Loser(失败者)蜕变成了一个"爆文"写手。

如今,我 30 岁了,在家一边工作,一边带娃。有一次过年,各位表嫂、表妹齐聚一堂,问起了彼此的工作,我说我在家写稿子。她们听到我能在家干活,还能陪孩子,都表示很羡慕。亲戚们问我怎么才能和我一样在家写文章就能赚钱,我便发了几篇文章的链接给她们,让她们也试着写一写。她们看完后,都表示太难了、写不了。

是的,任何岁月静好的背后,都有一段幽暗而深邃的时光,我们大多数人只看到了光鲜的表面,背后的艰辛往往只有当事人最清楚。写作能赚钱,但其中的苦,大多数人都吃不了。

自从写出"爆文"后,我收到了很多新媒体公司内容运营的 Offer(录取通知),开出的薪水和福利都很诱人,但我都拒绝了。推掉 Offer 的那一刻,我才发现,所谓的幸福人生,不过是始终拥有主动选择的权利。

1.1.2 坚持写作五年，重塑了我的生活

这五年来，写作不仅帮助我实现了职业自由，还重塑了我的生活。现在的我不管是思维、心态还是技能等，都得到了更新。

1. 思维更新

在没有深入写作领域之前，我的思维方式比较单一。具体表现为想问题过于简单，表达的内容没有深度，看待事物的角度也比较狭隘。因为写作，我从单一的思维逐步进化到了多元思维。

（1）思考问题更深一步

写作让我学会了深度思考。在没有系统学习写作之前，我写的内容大多关乎个人心情，从来没有思考过私人化的表达能否给读者带来价值。自从系统学习写作后，我思考问题越来越深入。每次写作之前，我会思考选题能否引发读者的共鸣，能否给读者带来信息增量。

此外，我还会思考文章结构如何设计才能更便于读者理解、如何有效地搭配素材让文章更精彩、如何合理安排句子与句子之间的逻辑关系等。

一篇文章的背后，其实是观察力、思考力、逻辑力、结构力、沟通力等的总和。写作的目的就是将混乱的思路厘清，让想法通过文字精准地表达出来。

认知（认识事物）—判断（分析事物）—思考（思考事物）—表达观点，想要把这个过程厘清，则必然离不开思考。

（2）归纳总结能力得到提升

如何从纷繁复杂的信息中提炼出核心的内容？这涉及一个人的归纳总结能力，而想要提升这项能力，写作是最好的方法之一。比如《成熟的人：

识趣、少言、自得》这个选题中，关键词是"识趣""少言""自得"，找到它们之间的共性，对开头和结尾都有很重要的意义。如果找不到共性，就很难将它们总结起来。事实上，这几个关键词最终的指向都是自我管理。识趣，是一种情商；少言，是知道什么该说、什么不该说；自得，是懂得自我取悦。

当我们的归纳总结能力有所提升后，在说与写时，条理会更清晰，重点会更突出，而非言之无物，或者说了半天也没说到重点。

（3）遇事不再情绪化

王小波曾说："人的一切痛苦，都是源于对自己无能的愤怒。"一个人知识越浅薄，遇事时情绪就越容易急躁。

以前，孩子在哭闹时，我从未想过他哭闹的原因，而是选择大吼大叫，通过恐吓的方式让他快速停止哭闹；遇到孩子生病，我只会不停地抱怨，从来没有思考过病因；自己情绪崩溃，还导致亲子关系恶劣。

后来，我开始写作，看了很多书，学习了很多知识，才明白孩子哭闹的背后是有需求的；孩子不会无缘无故生病，只有弄清楚原因，才能对症下药。

回想过往的处理对策，我对自己的无知感到羞愧，大吼大叫虽然可以让孩子在短时间内停止哭闹，但也会对他的心理造成巨大的伤害。

因为写作，我变得更加理性。在遇到事情时，冷静分析，用温和的方式解决。

（4）更懂得共情

有句话说："我们所有的偏见，都源于无知。"一个无知的人，自然没有共情力。在没有深入写作之前，我喜欢带着偏见看待周遭的事物，看到穿短裙、头发染成特殊颜色的女孩，就本能地认为对方是不良少女。但因为写作，我学会了透过现象看本质，这才发现，一个人穿什么、戴什么不过是个人爱好，跟品性无关。我们之所以先入为主，是因为认知受限。

这世间，共情是很难做到的事情。虽说我们对他人的境遇无法做到百分之百感同身受，但写作能让我们尽可能多地理解他人。当你对这个世界多了一份理解与共情，就会少很多戾气，多一些温柔。

2. 心态更新

"写作是一种疗愈。"年少的时候，我领会不到这句话的深意，开始写作后才发现其中蕴藏的真理。写作的过程，也是认识世界、认识自我的过程。

（1）从急躁到从容

我们大部分的焦虑都源于对比。刚开始写作时，我总喜欢跟别人比，看到别人成稿速度快，心就开始慌，总觉得自己技不如人，以致越发写不出来。后来我才发现，每个人都有自己的写作节奏，写得慢不代表写得不好。接纳自己的人生节奏，也才能沉下心来学习一项技能。

（2）从自大到谦卑

写作是人生最好的修行之一。在写作的过程中，我们会发现知识的广阔，会了解不同人群的生活状态。由此，我们才真正明白什么叫"天外有天，人外有人"，也才会放下自己的成绩，变得越来越谦卑。

（3）从爱热闹到喜欢独处

我年少时总喜欢往人群里钻，学习写作后才发现，越是热闹的地方，越容易消耗心力。真正让一个人成长的，从不在人群中，而是在人群之外——寂静的晨间、不眠的星光里。

3. 技能更新

写作能锻炼我们各方面的能力。坚持写作的这五年，让我终身受益。

（1）提高阅读能力

不管你以前的阅读速度有多慢，但只要不断写作，你的阅读速度就能逐步提升。写作时，为了写好文章，我们需要查阅大量的资料，从而了解各式各样的人与事，认识这个世界的多样性，这样就拓宽了我们的视野。阅读促进写作能力的提高，写作又激发了阅读的兴趣，二者是相辅相成的。

（2）提高辨别力

我们常说："写作源于生活。"但没有经过筛选的信息，并不能为创作服务，这就涉及个人对事物的辨别力。我们需要对生活素材进行分析、辨别、提炼，去伪存真、去粗取精，进而创作出高于生活的作品。

（3）打造个人品牌

写作给我带来的最大改变就是赚钱。五年前，还在职场里过着"996"生活的我，根本没想过有一天会靠写作实现职业自由。新媒体时代，让每一个人都有机会成为品牌，而成为品牌最好的途径之一就是写作。在网络上分享你的阅读心得、生活经验、成长经历，或是其他对读者有价值的内容，久而久之就能吸引跟自己同频的人，打造个人 IP。

1.2 初学写作，模板很重要

这几年，在教大家写作的过程中，我发现大多数人的阅读量以及文笔都在我之上。有的人初中就开始读《红楼梦》，而我都 30 岁了，一遍也没有读完，甚至从 2021 年才开始慢慢阅读小说，但这并不妨碍我写新媒体类型的书评。其原因就在于,新媒体写作有固定的创作模板。

我收过很多咨询写作的私信,这些私信提到的问题主要有三种:脑海里有很多想法,就是写不出来;写到一半的时候,就写不下去了;想到哪儿,写到哪儿,最后不知所云。

出现这些问题的主要原因是没有框架式思维,不知道如何编排内容。写作一旦没有方向,就很容易无话可说,写着写着就放弃了。打个比方,我们开车上路时,如果没有导航,没有明确的目的地,恐怕会越开越慌,不知所措。而如果我们在下笔之前,在脑海中设计出一个清晰的创作思路,那么在写作时就不易写偏。

另外,人天生就有比较强烈的表达欲,有时写着写着就偏离了文章的中心思想。如果这个时候有一个框架约束创作思维,我们就不会任凭思绪飘飞。

新媒体文章的写作模板是什么样的?举个简单的例子,假设你要写一篇《一个人越来越厉害的3个表现》的文章,在下笔之前,你需要列出文章的大纲,也就是思考文章分为几个部分,每个部分的内容写什么。列大纲很大程度上能帮助我们确定写作方向。这篇文章的大纲如图1.1所示。

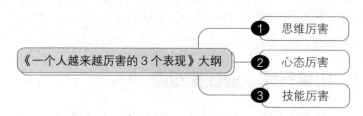

图1.1 《一个人越来越厉害的3个表现》大纲

这三大方向还可以细分出很多小方向,细分角度如图1.2所示。

至于最终写哪几个方向,要根据实际情况来选择。例如,可以选择更能引发读者共鸣的方向、与作者的实际经历更符合的方向,以及阅读人群更大的方向等。

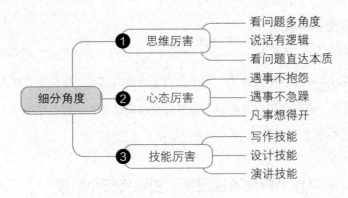

图1.2 细分角度

1.2.1 写作模板的作用

1. 明确写作方向

写一篇文章不难,难的是写出一篇论据充足、素材精彩、逻辑严谨的文章。我们写不出的根源是对主题理解不透彻,不知道如何建立分论点之间的联系,不知道如何把每一部分的内容衔接起来,也不知道如何填充素材。其实在下笔前,可以先设计好写作模板。如果是初学者写文章,建议事先用思维导图等形式把创作思路写出来,等写作技能日臻成熟了,脑海里就会自动出现写作框架。这就像爬阶梯一样,当我们知道下一个阶梯在哪里时,就不会迷茫和恐慌了。

2. 提高写作效率

明确了写作方向,我们就知道文章每一部分的论点是什么、内容如何呈现、论述如何扣题。这样一来，不但提高了写作效率，还增添了自信，形成一个良性循环。

3. 方便读者阅读

新媒体写作讲究的是走"亲民"路线。在如今这个网络时代，时间碎片化，大多数人都没有耐心看完一篇语言晦涩难懂的文章，所以写作时要做到通俗易懂。通过套用写作模板，可以让文章的结构和语言简洁明了，这不但方便读者阅读，还可以在很大程度上提高文章的传播率。

1.2.2 从写作小白到资深写手，要经历三个阶段

根据我多年的写作培训经验来看，从一个写作小白成长为资深写手，大概要经历以下三个阶段。

（1）"自嗨"阶段

觉得自己写得很厉害，沉浸在自己的创作世界中，完全不考虑读者的感受。觉得自己的文笔出众，过分强调语言的美感，忽略文章的逻辑性。

（2）入门阶段

遭遇多次拒稿后，会将目光转移到自己身上，开始寻找原因。这时就会发现，原来新媒体写作和传统文学创作差别甚大。

（3）熟练阶段

对新媒体写作模板的应用得心应手，能自由地创作出各种文体的文章。

有些人担心套用模板写作会丧失创作的独特性，其实这个担心是多余的，模板是帮助我们入门的工具。初学者想要快速提高写作能力，写作模板是必不可少的。如果没有模板，恐怕会走很多弯路。

第 2 章 写稿前的思考模板

写作的时候不能一拿到选题就开始写,也不能任何素材拿来就用,而是应该先对主题和素材进行分析、整合,提炼出能引发读者共鸣的观点,也就是文章的立意点。这个立意点必须贯穿全文,整篇文章都围绕它来展开描述。本章主要阐述了写作前思考的重要性、如何拆解优秀范文,以及介绍常见类型新媒体文章的思考模板。

2.1 写作能力差的背后,是缺乏深度思考

我在教写作时,总有人问:"为什么我总是找不到匹配的素材?为什么我总是无法将自己的想法清晰地表达出来?"实际上,不是合适的素材难找,也不是想法难以落地,而是在下笔之前没有想清楚文章的创作思路。

遇到这样的情况,我通常会先问他们文章的主题是什么、到底想向读者传递什么内容。只有将文章的主题和内容说清楚,才能写清楚。倘若无法清晰地表达自己的创作意图,就没有办法写明白。

大多数"看不懂"的文章的背后都有一个不善于思考的作者。所谓思考,本质上是对材料和题目进行全方位的理解和分析。大多数人往往觉得理解和思考不重要,跳过这一步直接开写,这就容易写着写着没了方向。初学者在思考时通常会犯以下错误。

(1)抓不住重点，主次不分

例如，《真正厉害的人，都是"反本能"体质》，这个题目的重点是"反本能"，但是很多人容易把重心放在"厉害"上，导致主次不分。想要把握好主题的重点，要多研读题目，仔细推敲其中的意思。

(2)把握不住整体，顾此失彼

欠缺全局思维，容易对题目理解不到位。例如，《一个人最大的成熟，是不断提升自己》，很多人在论述的时候，光顾着写"不断提升自己"，而忽略了"成熟"。要想解决这个问题，写作时要不断反问自己文章的中心思想是什么。

(3)理解有偏差，中心不明

虽说"一千个读者眼中就会有一千个哈姆雷特"，每个人对事物的理解都迥然不同，但在写作时，如果理解的角度太窄或者太偏，提炼出的观点不符合人们普遍的价值观，就会出现观点无法落地，甚至中心思想不明的情况。

2.1.1 材料选题如何审题立意

在新媒体写作中，材料选题是根据已有的材料写相关的文章，其中的材料包括新闻热点、热门话题等。想要写好材料选题文章并不容易，这对个人的阅读能力、分析力、思考力有比较高的要求，但也有方法可循。

找到关键词：一个材料虽然看起来信息繁杂，但要想立意明确、深刻，就要找到材料的关键词。

举个例子：微博上有个热搜"# 外卖小哥拆硕士录取通知书时生病父亲泪崩 #"，分析这个材料，并提炼出符合人们普遍价值观的观点。

首先，我们要找到话题的原视频或者原材料，厘清故事的整体脉络。

这个材料主要讲的是一个名叫高帅旗的26岁退伍军人，他的父亲突发脑梗，让原本清贫的家庭雪上加霜。为了减轻家庭负担，高帅旗决定一边送外卖一边努力学习。最后，他考上了上海交通大学法学院研究生。

材料的中心点是26岁的外卖小哥考上了上海交通大学法学院的研究生，体现了他自律和艰苦奋斗的品质。原材料里有这样的描述："他每天早上10点多上线接单，中午2点半回家照顾家人，4点多再上线，一直忙到晚上12点。之后就是学习时间，他会强迫自己看书到凌晨1点多。"这些细节足以作为中心点的佐证。

然而，很多人在分析这个材料时，因为看到他一边跑外卖，一边照顾父亲，就认为材料的中心点是孝顺。事实上，材料中关于孝顺的内容很少，如果以这个角度切入，就没有足够的细节来支撑论点。这就是典型的审题出现偏差。

综合分析可得，这个材料的关键词就是"坚强""意志力""自律""勤奋"等。

🌿 **解读关键词**：通常一个材料里的关键词不止一个，而且关键词之间是有联系的，每个关键词都可以延伸出与之相关的内容。所以，在解读关键词时要具备全局意识，从材料整体着眼，不能只聚焦于局部。要思考A词语与B词语的关系、句子与句子的关系、材料与现实的关系。如果捋不清其中的关系，就容易立意肤浅或离题。比如材料"#外卖小哥拆硕士录取通知书时生病父亲泪崩#"中，关键词"坚强"就可以解读成"遇到困难不放弃""坚韧""有毅力"等，而这些发散出来的词语还可以延伸出更多的内容。我们只有全面了解关键词本身的含义以及延伸出的词语，才能吃透素材，找到中心思想。

筛选关键词：写材料选题文章的过程，实际上是一个透过现象看本质的过程。每个人对同一个材料会有不同的理解，得出的关键词也会有所不同。通常来说，有以下三个筛选关键词的原则。

① 关键词必须是材料的核心点。

② 关键词新颖且能引发读者的共鸣。

③ 选择更有表达欲的关键词。

看高赞评论：如果一开始无法找到关键词，可以查阅关于材料的评论。材料"#外卖小哥拆硕士录取通知书时生病父亲泪崩#"评论区的高赞评论是"这意志力，干啥都能成"。"意志力"代表了材料的中心点。

看到一个材料时，我们不能只做阅读者或旁观者，还要做一个思考者，学会透过现象看本质，洞察人性真实的需求。

比如全职妈妈，她们内心深处最渴望的是什么呢？是家庭与自我成长的平衡、夫妻关系的经营之道，抑或是亲子关系的梳理。虽然这几个点都有，但她们最大的痛点又是什么？通过调研，得出大众所关注的焦点问题，然后有针对性地进行深入的思考，由此写出来的文章的情感才会更充沛，内容才会更真实。

2.1.2　常规选题如何审题立意

常规选题审题时不需要分析材料的前因后果，但需要提炼题目的关键词，并加以分析。

例如，《真正优秀的人，都善于"更新自己"》，这个题目的关键词有两个：

① 优秀的人；

② 更新自己。

提取完关键词后，就要多角度理解关键词的含义。如果理解有误，内容就会偏题；如果理解正确，文章前后内容就能衔接顺畅。

这个题目的重点在于"更新自己"。关于如何"更新自己"，每个人都有自己的见解。但这些"见解"能不能展开描述，以及有没有创作的价值，还需要考虑读者的阅读需求。例如，审题失误的关键词"不放弃""笑对苦难"，这跟"更新自己"没有关系。如果就此方向进行创作，多半会出现写到一半就写不下去的情况。

什么叫"更新自己"？"更新"这个词有前后对比的意思，即以前怎么样，现在怎么样；还有跟上时代的意思，一个优秀的人懂得更新自己，也就是说，一个优秀的人懂得跟上时代。如何才能跟上时代？那就要优化自己的知识结构，而知识结构包括理性和感性两个方面。

理性的知识结构指的是技能层面。比如A是一名设计师，由于时代在变，审美在变，如果他不更新自己的设计技能，就很容易被时代抛弃。

感性的知识结构指的是精神层面。比如一个人以前总是取悦他人，后来发现这种毫无底线的讨好不但没能换来他人的珍惜，反而让自己内耗严重、精神崩溃，从而放弃了取悦他人的社交思维。从迎合到不迎合，生活也会过得越来越舒服。

正确的审题可以使所写的内容有见解，也更能引发读者的共鸣。

初学者在分析题目中的关键词时，通过搜索关键词的同义词及阅读相关主题的优秀文章，就能更好地理解主题的中心思想。这个过程，需要耐心和认真，初学者要把这个过程走稳。如果阅读理解能力有限，写作也会受限。

2.1.3　思考对写作的重要性

作家刘心武说过一句话:"写作……起点是原始冲动,或者说是初步的写作动机,朦胧的主题,终点是深入开掘出来的主题。"一篇文章没有经过思考,就无法给读者传递有价值的内容,更加无法说服读者。

如果写作之前不经过一番思考,脑海里就是一些七零八碎的想法,无法形成系统,下笔时就容易杂乱无章。

我们在写文章之前,脑海里要建立大概的框架。例如,如何从第一部分过渡到第二部分、句子和句子如何衔接……我们不但要思考文章的整体结构,还要思考内容之间的逻辑关系。这种方法看似笨拙,却是捷径。

想不透的地方,需要下足功夫继续想。有些文章之所以读起来很爽,是因为逻辑能自洽、结构清晰明了。学会思考,是为了让我们有独立判断的能力,在看待事情时不会人云亦云。

2.2　学会拆解

对于初学者来说,拆解是很重要的学习过程。五年前,我为了能上稿十点读书平台,找出了该平台100篇爆款原创文章,逐一拆解,化为己用。最后,我熟练掌握了新媒体文章的写作结构,写的文章几乎不用改就通过了。

拆解一篇文章通常分为两步,第一步是拆解文章的结构,比如文章分为几部分、采取什么样的叙述方式;第二步是拆解文章的细节,比如每一句话的作用是什么、句子与句子之间是怎么过渡的、素材之间的衔接技巧,等等。

只有进行大量的拆解,才能真正地掌握新媒体文章创作的底层逻辑。

2.2.1 鸡汤观点文拆解

📖 1. 拆解选题

好的选题是文章成功的一半。选题就好比写作的方向，如果方向错了，就算文章写得再好，也无法传播开来。例如，"失败是成功之母"这个话题就很难吸引读者，因为这句话出现的频率太高，读者已经没有阅读的欲望了。但如果写"失败不一定是成功之母"，这个观点颠覆了常识，往往能引发读者的好奇，进而吸引更多的人阅读。

拆解选题的意义就在于帮助我们分析哪些选题能写、哪些选题不能写，以及哪些选题具备"爆款"潜质。

我有个学员之前写了一篇《真正拖垮你的，是"内耗思维"》的文章，阅读数据不错。在复盘时发现，这篇文章的选题本身就具备"爆款"的潜质。当时，"内耗思维"在媒体圈很流行，不管是在《人民日报》还是在其他网络平台，都频频出现。以这个词为选题，自带流量，传播也就更迅速。在平时的生活中，大家可以多关注一些流行词，并应用于自己的题目中。

📖 2. 拆解开头

以《真正拖垮你的，是"内耗思维"》这篇文章为例，详细介绍如何拆解一篇鸡汤观点文。首先，我们来拆解这篇文章的开头。这篇文章的开头如下。

松浦弥太郎有句通透的人生箴言："所谓人生困境，不过是你胡思乱想，自我设置的枷锁。"有时候，困住我们的不是困境，而是自己的思维。患得患失，则会寸步难行；过分在意，则注定心力交瘁。这种内耗的感觉就如同两个小人在内心打架，每天什么也没做，却身心疲惫。人一旦陷入自我损耗的状态，迟早会把自己拖进生活的泥淖。

这个开头有 5 句话，100 多个字，是比较标准的新媒体文章的开头。如果开头的字数太多，会影响行文节奏，字数太少则没有办法把内容写清楚。

接着，我们来分析这个开头句子的作用，以及句子与句子之间的逻辑关系。

（1）金句引入，强化主题。

（2）对金句进行解释，表明自己的态度。

（3）主题分析：思维影响人的表现——患得患失，则会寸步难行；过分在意，则注定心力交瘁。

（4）引出文章的主题。

能够分析出句子的作用和逻辑关系，则证明已经拆解到了文章的核心。只有拆解到文章的核心，才能领会优秀文章的创作思路，真正做到学以致用。

3. 拆解结构

接下来，我们来拆解文章的结构，分为以下几步。

整体拆解：

标题：《真正拖垮你的，是"内耗思维"》。

论点 1：感情里，执着于过去，消耗能量。

论点 2：工作上，忧虑于未来，行动犹豫。

论点 3：交际中，太在意别人，掏空自己。

当我们把文章的题目和三个分论点单独列举出来后就可以发现，这篇文章采用了并列式结构。每一个分论点都采用一个特定的场景切入，而且分论点之间可以相互调换顺序。

🖋**部分拆解：** 拆解每一部分的行文逻辑，把握表达节奏，比如论点1的故事如下。

鲁迅在杂文中写道："人生苦痛的事太多了，记性好的，大概都被厚重的苦痛压死了；只有记性坏的，适者生存，还能欣然活着。"

所谓的记性坏，并非对过去的人与事全然忘记，而是不再执着于过去的得与失。

倘若一个人始终沉湎于过去，就会无法自拔。

我小姨，就是这样的一个人。

小姨三十多岁就离婚了，二十多年过去，至今还是孑然一身。

我们时常催她找个伴，享受余生，她却总是推托。

对于曾经出轨的前夫，她似乎有着某种执念。

小姨总是喜欢给我们讲她前夫过去对她的种种伤害，说一次就要哭一次。

可奇怪的是，她似乎又对这个曾经伤她至深的人念念不忘。

她记得前夫曾经给她写过的信，恋爱时吵过的架，喜欢吃什么、不喜欢吃什么……

她女儿如今已结婚成家，但到了女儿家里，她还是对前夫的事一提再提。

女儿曾安慰她说："就算当初我爸没出轨，以他的个性，你俩退休了，你还是得忍受他那坏脾气，还不如现在自由自在。"

小姨却说："那也不一定，至少有个伴儿，很多男人也许老了就好了。"

表妹把这件事告诉我，我才明白，小姨这么多年说到底，还是放不下。

她似乎一直想不明白为什么之前相爱的两人，转身就变成了陌生人。

这种想不通、道不明的情绪一直裹挟着她，二十多年来，从未减淡。

二十多年的时间可以做很多事情，可她都拿来回忆了。

一个放不开的过往，如藤条扎根于脑海中，日复一日，越是年久，缠绕的力量就越大。

感情中，分手不可怕，离婚也不是一场失败。

可怕的是，这段错误的感情最终酿成一场巨大而持久的自我消耗。

有时候让你痛苦的并不是那些失去，而是你一直为内心的那份"意难平"所付出的时间和精力。

感情中，放下对方，也是放过自己。学会告别，告别曾经的爱人，更是告别过去的自己。

现在我们来拆解行文逻辑。

（1）用鲁迅的话引入：表明记性太好的人往往活得比较累。

（2）对鲁迅的话作出解释，提出新概念：所谓的记性坏，不是对过去的人与事全然忘记，而是不再执着于过去的得与失。

（3）用过渡句来强调并升华论点：倘若一个人始终沉湎于过去，就会无法自拔。

（4）举例说明：我小姨就是一个在感情上内耗很严重的人。

（5）内耗严重的具体表现。

○ 跟前夫离婚多年，不愿意再结婚，原因是对失去的爱情念念不忘。

○ 记得谈恋爱时一些细枝末节的事情，不愿意放手。

○ 经常和身边的人谈起前夫的事情。

○ 对于别人的劝说嗤之以鼻，还妄想前夫会回头。

（6）论述故事，强化观点。

4. 拆解素材

这篇文章有三个分论点,一个分论点采用了一个素材,素材类型如下。

论点 1 素材:亲人(小姨)的故事。

论点 2 素材:一个名人的故事。

论点 3 素材:生活中的事例。

关于用什么类型的素材,这需要我们明确写作目标。如果文章是发布在自己的平台上,则找自己喜欢的素材即可。如果是为了投稿,那就要事先拆解目标平台的素材调性。例如,十点读书比较喜欢现代化的素材(如生活中的故事等),而樊登读书更偏向于干货理论类的。不同的平台,风格会有所差异。

5. 拆解结尾

这篇文章的结尾如下。

有一位知名作家说过:"我见过一个人最恐怖的状态,就是持续性的内耗。"毕竟,我们想要活成什么样子,能靠的只有自己。倘若你总是处于内耗的状态,人生自然也会过得越来越暗淡。只有摆脱内耗思维,才能创造更好的未来。

整体拆解:文章结尾用的是金句+总结全文的方法。

部分拆解:分析句子与句子之间的联系。

(1)引入金句:说明持续性内耗的严重性,升华主题。

(2)联系实际:一个人想要活成什么样是由自己决定的。

(3)重申观点,引发情绪。

(4)升华观点,畅想未来。

2.2.2 书评观点文拆解

1. 拆解选题

我们以《〈人生海海〉：一个人真正的强大，是放过自己》这篇文章为例，来看看如何拆解书评观点文。

《人生海海》是一本畅销书，本身自带流量，而且书中人物故事多、情节丰富，能提炼出多样化的观点。

2. 拆解开头

《〈人生海海〉：一个人真正的强大，是放过自己》这篇文章的开头如下。

2011年9月，麦家的父亲去世。这成了他人生重要转折的契机。一向高产的他搁笔了3年，慢下来与书香花草为伴。当开始向内求时，他发现童年灰暗的记忆，以及对父亲长达23年的怨恨早已逐渐稀释。年过半百的麦家对人生突然有了新的领悟，他想回到童年、故乡，去破译人心和人性的密码。于是，他执笔写下了《人生海海》。初读此书，只顾沉迷于故事的跌宕起伏，感慨主人公上校曲折坎坷的传奇人生。重读之下，才逐渐体会到麦家在"人生海海"四字背后赋予的深意。人生如海，有起有落，有沉有浮，想要过好这一生，唯有读懂"放下"二字。

整体拆解：开头部分一共有9句话，200多字。

部分拆解：拆解句子的作用，以及句子与句子之间的联系。

（1）麦家的父亲去世了，阐明事实。

（2）父亲去世这件事成了麦家人生重要的转折，表明这对麦家的影响。

（3）从高产到搁笔，修身养性，分析具体影响。

（4）因为慢下来，所以麦家发现生命的另一层意义，开始找回自我。

（5）麦家找回自我后做的事——决定写《人生海海》。

（6）简单描述《人生海海》的内容。

（7）引出文章的主题。

3. 拆解结构

整体拆解：标题：《〈人生海海〉：一个人真正的强大，是放过自己》。

论点1：与现实和解，勇于接受生活的不如意。

论点2：与过去和解，放下仇恨也是放过自己。

论点3：与错误和解，要敢于承担，更要及时弥补。

从结构上看，这篇文章采用的也是并列式结构，但跟上一篇鸡汤观点文不一样的是，这三个分论点的顺序不能调换。因为书评要根据故事线来安排素材，如果顺序错乱，不但无法展开描述，读者也不易理解。

部分拆解：拆解每一个论点的行文逻辑，比如论点1的故事如下。

罗翔教授说："把你的苦难，当成人生的剧本，当作你必须演好的一个角色。"

这句话用在《人生海海》里的上校身上，极为妥帖。

上校出生在一个小村庄，从小聪明伶俐，学东西总比同龄人快。

13岁那年，他就成了远近闻名的木匠师。倘若循此路径下去，他应该会成为一个技艺精湛的手艺人，在村里过着平静又舒坦的日子。

可这一切的美好，在他17岁那年被打破了。

那年，上校照常去赶集，没想到突然被抓去充军，从此人生过成了过山车，起起伏伏，没一刻安宁。

军营的生活一点都不容易，除了平日的辛苦训练，上校还要上阵杀敌，可是子弹不长眼,伤了"命根子"。

好不容易把病治好了,又因一纸调令成了特务,匍匐暗处,不见光明。

25岁那年被人出卖,关押在战俘营里,身心备受煎熬。

33岁那年被林阿姨举报,被开除军籍,返回老家。

回了老家,日子也不安宁。他遭人陷害,被迫藏到庙里当和尚。

以为人生就在庙里过了,结果因一纸举报书,再次入狱。

上校这一辈子,活得太不容易了,几经沉浮、潮起潮落,却始终摆脱不了坎坷波折的命运。

幸运的是,在面对生活的刁难时,他选择了接纳与和解。

既然当兵入伍,那就苦练本领,无论枪法还是刺杀,都要成为佼佼者,不到四年,就从警卫员当上了营长。

既然受伤住院,不如趁机学习医术,通过观察不断积累经验,竟成了能起死回生的"金一刀",引得不少人慕名而来。

既然被迫做了卧底,那就以开诊所为掩护,与日寇、汉奸周旋博弈,获取重要情报。

哪怕回乡后受尽冷嘲热讽,被陷害、被侮辱,上校也依然高昂着头颅,不卑不亢,一笑置之。

人生之苦,往往大同小异:

有的人背井离乡只为碎银几两;有的人居于高位却身不由己;有的人拼尽一生的努力,也只不过是走到了他人的起点;有的人到了中年却突遭横祸……

人活着,岁月静好是奢华,负重前行是常态。

上校之所以是英雄,不在于他杀敌多少、战功如何,是因为他看清了生活的真相，但依然热爱生活。

我们无法改变命运"钦点"的困境，却可以改变面对困境的心态。

有时候绝处逢生的力量不见得是回击，而是懂得接纳与放下，与现实握手言和。

现在我们来拆解行文逻辑。

（1）金句引入，凸显主人公的特质。

（2）过渡句，引出书中的主人公。

（3）描述主人公17岁前的生活经历（出生地、性格特质、成就等）。

（4）天意弄人，一切美好在主人公17岁那年被打破了。

（5）美好破灭的具体表现。

○ 照常去赶集，却被抓去充军；

○ 战场子弹不长眼，伤了要害部位；

○ 因一纸调令成了特务，匍匐暗处，不见光明；

○ 25岁那年被人出卖，关押在战俘营里，身心备受煎熬；

○ 33岁那年被林阿姨举报，被开除军籍，返回老家；

○ 回了老家，却遭人陷害，被迫藏到庙里当和尚；

○ 和尚也没当好，又被举报，再次入狱。

（6）对故事进行总结，表明主人公人生的坎坷。

（7）阐述主人公面对厄运时的态度。

○ 态度1：即便被迫入伍，也不自怨自艾，而是苦练本领，成了营长。

○ 态度2：既然受伤住院，那就趁机学好医术，成了能起死回生的"金一刀"。

○ 态度3：既然被迫做卧底，那就以开诊所为掩护，做好情报工作。

○ 态度4：就算受尽冷嘲热讽、被陷害、被侮辱，也始终一笑置之。

（8）联系实际，升华观点。

4. 拆解素材

书评的素材一般都是书里的人物故事。不过不同的平台对素材有不同的要求，有些平台需要加入外部素材，有些平台不需要，我们要灵活使用素材。

5. 拆解结尾

这篇文章的结尾如下。

故事的结尾，几经沉浮后的上校，在林阿姨的陪伴下，活得像个不谙世事的小孩。

而"我"在放下对"小瞎子"半辈子的怨恨后，也找回了内心的轻松。年过半百的林阿姨则用下半生无怨无悔的陪伴，完成了自我救赎。

人生走到最后，对世界缴械妥协，不是懦弱，而是对一切的放下，放下痛苦，放下仇恨，放下过错。

人生海海，山山而川，不过尔尔。麦家的这本书并非要传达人生是一场悲剧，而是要让我们明白：人生难有圆满，生活多是缺憾；但我们绝不该受困于此，与生活和解，才能更好地前行。

愿你读罢此书，在面对往后的生活时，能多一份勇气，多一份坦然。

整体拆解：结尾部分一共有8句话，200多字。

局部拆解：拆解句子之间的关系。

（1）将书中故事的结尾作为文章的结尾。

（2）对三个分论点进行总结。

（3）联系实际，升华文章主题，展望未来。

2.2.3 人物观点文拆解

1. 拆解选题

一个人物值不值得写,取决于作者对这个人物是否感兴趣,以及这个人物的身上是否具备人性的闪光点。以《梁思成:真正厉害的人,一生只做一件事》为例来拆解人物观点文。

首先,梁思成是我国著名的建筑学家,是一位知名人士,具备流量基础;其次,一个人能获得那么大的成就绝非易事,这说明从他身上能挖掘的闪光点比较多。

2. 拆解开头

《梁思成:真正厉害的人,一生只做一件事》这篇文章的开头如下。

1954年,古老的北京城里正在进行一场如火如荼的拆墙运动。

在巨型推土机的疯狂碾压下,一座座历史城墙瞬间变成废墟。

所有人都在翘首以待北京的新面貌,有一个人却在痛哭流涕,他悲怆地说道:"拆掉一座城楼像挖去我一块肉,剥去外城的城砖像剥去我一层皮。"

这个人便是建筑大师梁思成,建筑于他而言,和生命一样重要。

从初见心动到终生热爱,"择一事终一生"是他苦心孤诣一生的写照。

整体拆解: 开头共有5句话,100多字。

部分拆解: 拆解句子的作用,以及句子和句子之间的关系。

(1)引入一件事,表明时间、地点、所发生的事。

(2)描写人们对这件事的态度。

(3)采用对比的手法引出主人公梁思成。

（4）简单解释梁思成为什么在面对历史建筑被拆时如此心痛,从而引出文章的主题。

3. 拆解结构

整体拆解：

标题：《梁思成：真正厉害的人,一生只做一件事》。

论点1：所谓的人生赢家,不过是热爱而已。

论点2：人生最难得的,是坚持自己的热爱。

论点3：一生只做一件事,热爱才会奋不顾身。

这篇文章的结构可以说是并列式结构,也可以说是递进式结构。并列式结构的特征在于用少年、中年、晚年这三个时间段来证明人物对建筑的热爱；而递进式结构即按照"少年—中年—晚年"的成长顺序来描写人物。

部分拆解： 我们截取该文章的第一个论点来拆解。第一个论点是"所谓的人生赢家,不过是热爱而已",讲述的是梁思成少年时对建筑的热爱。

1918年,梁思成第一次见到林徽因,心旌摇曳。与此同时,让他心动的,还有建筑。

这个本就擅长绘画的才子,和林徽因交谈后,终于找到了人生梦想。

为了更接近梦想,1924年,梁思成前往宾夕法尼亚大学学习建筑学。

学习之余,他开始观察欧洲建筑,发现外国已经有了较为成熟的建筑体系,并有了系统的建筑史料。

而泱泱中华却没有自己的建筑体系,这让他心感悲凉。

从此，他开始着手研究中国建筑历史，并以此为志。

1928年，梁思成留学归来，果断放弃去清华任职，转身投入东北大学的创办。

初到东北大学，百废待兴，梁思成一人身兼多职，既当任课老师又当系主任，不仅需要管系里的大小事务，还要分出一部分精力研究课题。

这桩桩件件，每一件都需要耗费大量精力。再加上东北自然环境恶劣，严寒的天气对本就体弱的梁思成是一个巨大的挑战。更为困难的是，当时东北仍动荡不安，匪患猖獗。

林徽因曾回忆学校的环境时说：

"一到晚上，经常有土匪出现，他们多半从北部牧区下来。这种时候我们都不敢开灯，听着他们的马队在屋外奔驰而过，那气氛真是紧张。"

只是，这些困难并没有让梁思成停止研究建设的步伐，反而激发了他更大的探究欲。

有了这份恒心与热忱，东北大学建筑系初见雏形，渐入佳境，短短几年内，为中国培养了一大批优秀的建筑大师和建筑学者。

从一无所有到人才济济，梁思成完美地完成了这个时代赋予他的使命。

而此时，年仅28岁的梁思成在建筑界声名鹊起，成了中国建筑史中里程碑式的人物。

年少有为，功成名就，抛开命运的恩典，更多的是个人的努力，而这些努力里，离不开沉甸甸的热爱。

因为热爱，所以如苦行僧一般，全情投入，忘乎所以。

有句话说："天才，就其本质而言，只不过是一种对事业、对工作过盛的热爱而已。"

这份热爱，让他保持源源不断的创造力。

下面来拆解行文逻辑。

（1）巧用小故事（梁思成第一次见到林徽因便心动不已，与此同时让他心动的还有建筑）作为铺垫。

（2）梁思成把建筑当成自己的人生梦想。为了实现梦想，他做了不少事情。

○ 努力学习，远赴知名建筑学府深造。

○ 在学习过程中，发现国外已经有了较为成熟的建筑体系，而国内却没有。

（3）梁思成投身祖国建筑教育事业的表现。

○ 放弃去清华任职，投身东北大学建筑系的创办。

○ 师资力量不足，梁思成既要教学，又要管理其他事务。

○ 东北天气寒冷，这对本就体弱的梁思成来说是一个巨大的挑战。

○ 当时东北仍动荡不安，匪患猖獗，生存环境备受威胁。

（4）不管环境如何，梁思成从未放弃对建筑的研究。由此引出文章的主题——因为热爱，所以无惧任何困难，并取得了斐然的成绩。

○ 因为他的热爱与坚持，东北大学的建筑系成了中国建筑大师的摇篮。

○ 因为他的热爱和坚持，年仅 28 岁的他成了建筑界的翘楚。

4. 拆解素材

人物观点文的素材一般都是人物的故事、经历，很少用到外部素材。

5. 拆解结尾

该文章的结尾如下。

梁思成虽出身名门，却舍弃拜官封侯的捷径，选择了一条崎岖之路，这份勇气来源于何处？

究其原因，无非是对建筑的热爱，也正是因为这份纯粹的热爱，让他无所畏惧，一往无前。

人们常说：热爱赋予力量；热爱可挡千险；热爱可破险阻；热爱可抵岁月。

因为热爱，他放弃舒适的工作，以一己之力挑起开创中国建筑业的重任。

因为热爱，他忍受清贫的生活，孜孜不倦地撰写中国人自己的建筑史。

因为热爱，他不畏强权，一腔孤勇地保护着中国的古建筑。

从青春年少到垂垂老矣，他把热爱做到了极致。

人的活法有千万种，但最令人敬仰的莫过于把一件事坚守一生。

🍃 **整体拆解**：结尾共有 8 句话，200 多字。

🍃 **局部拆解**：拆解句子之间的关系。

（1）以提问开头，设计反差（一个出身名门的人却选择了一条艰辛之路）。

（2）分析原因（因为热爱，所以对所有的痛苦经历都甘之如饴）。

（3）总结热爱的具体表现（少年、中年、晚年的不同表现）。

（4）强调观点，升华主题。

2.2.4　新手拆解文章时需要注意的问题

第一，如果是初学者，建议从大平台找相关的原创文章进行拆解。之所以找原创文章，是因为这些文章能代表平台的属性，有固定的结构，初学者拆解起来会比较容易，也能更快速地掌握新媒体文章的结构。此外这些结构可以被反复使用。

第二，拆解的核心是拆解逻辑。从选题上拆解其创作思路；从结构上拆解内容的前后关系，看看采用的是并列式结构、递进式结构，还是多种结构组合应用，并且思考采用此结构的缘由；从逻辑上要思考每一句话的作用，揣摩句子与句子的关系。

第三，主题式拆解。比如在一个时间段内先把鸡汤观点文拆解清楚，掌握了这类文章的行文结构后，再换其他主题进行拆解。

对新手而言，要写出一篇主题明确、结构清晰、逻辑严谨的文章并不容易，所以写作初期建议先学会拆解优秀文章。在拆解的过程中，大家可以发现自己与优秀作者的差距，总结经验，逐步提高写作技能。

2.3 鸡汤观点文思考模板

鸡汤观点文是新媒体平台常见的一种文体，也是各大平台喜欢的选题。《人民日报》、新华社、十点读书、洞见、有书、樊登读书等平台对此类稿件的需求量大。这类文章有固定的行文结构，初学者比较容易上手。

所谓观点，是指我们对一件事的看法和态度。之所以把这个话题放到前面，是因为我在教写作时发现，大家有一个共同的问题，那就是容易混淆事实和观点。要想写好鸡汤观点文，需要对事实进行分析和思考，进而表明自己的看法和态度，而不是纯粹地复述事实。举几个简单的例子，如图2.1所示。

第 2 章 写稿前的思考模板

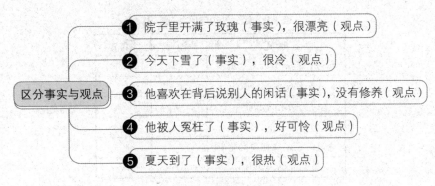

图 2.1 区分事实与观点

1. 区分新媒体文的事实与观点

在写观点文时,我们要有自己的态度和立场。之前,微博上有个新闻:"公交车上一位父亲无助痛哭"。当时我们就这个话题让大家找创作角度,从结果来看,大部分人都无法区分事实与观点。表 2.1 所示为正确区分创作角度的事实与观点。

表 2.1 正确区分创作角度的事实与观点

事实	观点
有一位爸爸在公交车上哭了	爸爸在公交车上突然号啕大哭:戳破了穷人最后的体面
有一位爸爸在公交车上哭着跟别人要食物给孩子吃	40 岁爸爸失声痛哭:你没穷过,你不懂
孩子患重病,爸爸哭了	成年人的崩溃,孩子生一次病就够了

从表 2.1 中能明显看出事实与观点的区别。如果错把事实当观点,就很容易陷入无话可说的状态。我们在日常生活和学习中,可以通过表 2.2 来练习区分事实与观点。

表 2.2　区分事实与观点的练习

陈述	事实	观点
我爸爸是一个很厉害的人		√
今天气温有 35℃	√	
牛奶是白色的	√	
这朵花很漂亮		√
她是一个学识渊博的老师		√
他的身高为 180cm	√	

从表 2.2 中的内容可以看出，"我爸爸是一个很厉害的人"是一个很明确的观点，我们可以从"社交""工作""生活"等三个维度来证明这个观点；而"今天气温有 35℃"是一个事实。从本质上来说，事实是客观的，观点是主观的；事实不以意志为转移，观点却可以随时发生变化并可以论证。

如果是刚学写作的人，可以多思考热点文的切题方法，但不建议追热点，因为热点的热度消散得很快，往往文章还没写出来，热点就过去了，这样容易给自己带来挫败感。初学者刚开始写鸡汤观点文时，建议从命题文章开始思考，具体选题如图 2.2 所示。

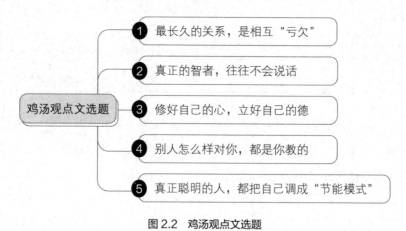

图 2.2　鸡汤观点文选题

2. 鸡汤观点文思考模板及应用

一篇鸡汤观点文,看似结构简单,实际上需要下一番功夫。图 2.3 所示是鸡汤观点文的思考模板,通过该模板,可以更高效、便捷地谋篇布局。

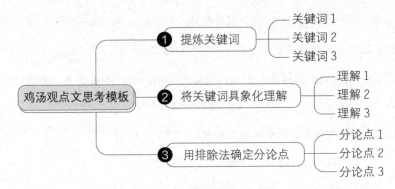

图 2.3 鸡汤观点文思考模板

以学员 @亮写的《余生,和为你"充电"的人在一起》这篇文章为例,学习鸡汤观点文思考模板的应用方法。

- 第 1 步,提炼主题中的关键词。

  这篇文章标题中的关键词有两个:充电、在一起。

- 第 2 步,将关键词具象化理解。

  "充电"这个词比较抽象,我们可以用九宫格的方式加深理解,如表 2.3 所示。

表 2.3 将关键词具象化理解

伤心时,逗你开心	疲惫时,给你力量	困难时,给你帮助
低谷时,给你打气	**充电型人物的表现**	迷茫时,给你方向
委屈时,陪在你身边	紧张时,教你放松	失意时,给你安慰

"在一起"这个词的意思是和什么样的人同行,这是一个筛选圈子的过程,比较好理解,就不赘述了。

- **第 3 步，用排除法确定分论点。**

通常，鸡汤观点文只需要三个分论点。通过排除法，我们把"伤心时，逗你开心""低谷时，给你打气""委屈时，陪在你身边""疲惫时，给你力量""紧张时，教你放松""困难时，给你帮助""迷茫时，给你方向""失意时，给你安慰"归纳成三个场景，经分析可得出"低谷""遇挫""消极"三方面的分论点。之后为它们设置合适的主语，简单来说就是：谁在什么情况下，给我们充电。这样一来，文章的结构和逻辑线就清晰了。

① 真正的朋友，低谷时为你充电。

② 亲密的爱人，遇挫时为你充电。

③ 正能量的家人，消极时为你充电。

至此，《余生，和为你"充电"的人在一起》这篇鸡汤观点文的思考模板就出来了，如图 2.4 所示。

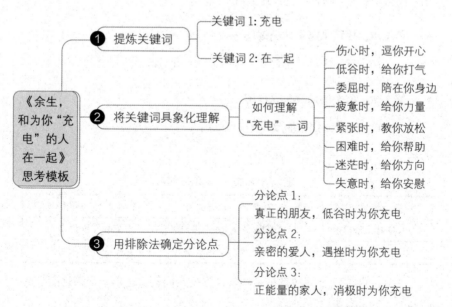

图 2.4　《余生，和为你"充电"的人在一起》思考模板

2.4 人物观点文思考模板

新媒体文章越来越难写了,观点文选题重复率高,出彩的稿子多半赢在素材和文笔上。而作为写作小白,想要素材新、文笔流畅,相对较难,而热点就更加追不上了。

常规观点文写不出花样,热点又追不上,难道就没有别的出路吗?不见得,对于小白来说,人物观点文也许是一个不错的选择,像十点读书、有书、洞见等大平台都有需求。

在写人物观点文之前,要知道哪些人物可以写。通常来说,有知名度的、有正能量的、文化底蕴高的,或者是知名虚构小说里的人物等都可以写。

人物观点文的思考模板如图 2.5 所示。

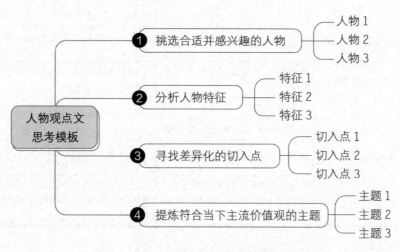

图 2.5 人物观点文思考模板

（1）挑选合适并感兴趣的人物

这一步很重要，它直接决定文章的阅读量。选择时，要以有知名度的、有正能量的人物为主。下面总结了十一类适合写的人物，如表2.4所示。

表2.4 十一类适合写的人物

类型	人物举例	说明
引发回忆的人物	张国荣、梅艳芳	这些人都曾在各自的领域中发光、发热，并且影响了很多人
热门电视剧人物	郑娟（电视剧《人世间》）、苏明玉（电视剧《都挺好》）	每隔一段时间，都会有一两部电视剧"霸屏"。我们可以写电视剧中的人物
经典影视剧人物	安迪（电影《肖申克的救赎》）、林黛玉（电视剧《红楼梦》）	一部好的影视剧值得反复观看，每次都能看出新的内容，对剧中人物也会有新的思考
热点人物	谷爱凌、利昂内尔·梅西	每个时间点都会涌现出一些热点人物
小人物逆袭	北大保安第一人张俊成	一般小人物的故事更能吸引读者阅读，更有激励性
历史知名人物	曹操、刘邦、诸葛亮、张居正	历史知名人物有流量基础，传播性强
古代才女	李清照、卓文君、班婕妤、蔡文姬	才华出众的女性，有文化底蕴及传奇的人生经历
民国才女	林徽因、萧红、张爱玲	—
古诗词大家	李白、杜甫、白居易、陶渊明	—
近现代知名作家	林语堂、钱钟书、季羡林	深度剖析一本巨作背后的作家，往往会有新的发现
经典文学作品虚构人物	富贵（《活着》）、许三观（《许三观卖血记》）、祥子（《骆驼祥子》）	名著本身就有读者基础，而其中人物的经历往往能引发读者的共鸣

（2）分析人物特征

确定好人物后，我们需要查阅大量的资料来熟悉人物，然后分析人物的特征，明确这个人有什么优点，这些优点对读者有什么启发等。以学员@颜恋写的《梁思成：真正厉害的人，一生只做一件事》为例进行分析。在写之前，我们要知道梁思成是一个什么样的人，这时可以借助九宫格来发散出更多人物信息，如表 2.5 所示，然后在网上按照这些信息进行搜索。

表2.5 梁思成人物信息

梁思成的人物性格	有人这样说梁思成	梁思成的一生
梁思成是个怎么样的人	梁思成	梁思成的优点
如何评价梁思成	梁思成的历史地位	对梁思成的看法

如果用百度进行搜索，要注意网页下面的拓展词和链接，它们相当于自动生成的新的相关信息，可以直接点击查看。通过阅读和思考资料，我们会对人物有一个大体的了解，人物特征也逐渐明朗起来。这个时候，可以将得出的人物特征写入九宫格，如表 2.6 所示。

表2.6 分析梁思成的人物特征

勤奋	执着	专注
成功	梁思成	幽默
有个性	爱国	专情

（3）寻找差异化的切入点

梁思成人物特征分析如图 2.6 所示。

通过排除法可以发现，这八个特征中，"勤奋""执着""专注""成功"可以写，而"执着""专注"意思类似，保留"专注"。下面我们来分析"勤奋""专注""成功"这三个角度哪个更有创作意义。

① 勤奋

这个切入点比较常见，而且内容阐述受限，素材与素材之间会有重叠的风险，因此不建议作为文章的切入点。

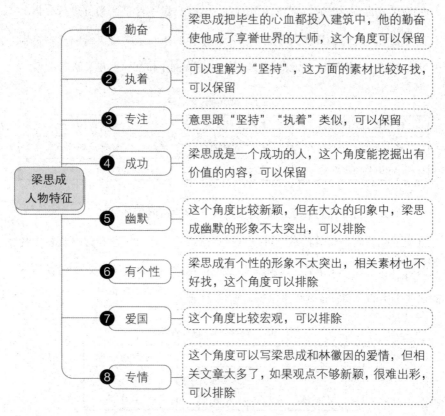

图 2.6　梁思成人物特征分析

② 专注

这个切入点也比较常见，而且范围比较窄，可展开描述的内容不多，因此不建议作为文章的切入点。

③ 成功

这个切入点比"勤奋""专注"更能挖掘出精彩有价值的内容，而且"勤奋""专注"又是成功的要素，因此这里选择"成功"作为文章的切入点。

（4）提炼出符合当下主流价值观的主题

以"成功"作为切入点，可以帮助我们进一步提炼出符合当下主流价值观的写作方向。梁思成的成功不是天生的，因此我们需要分析他成功的原因。"勤奋""专注"是一个人成功的要素，但从根源上来说，让人们保持"勤奋"与"专注"的是热爱，而"热爱"这个点比较新颖。由此我们最终将标题定为《梁思成：真正厉害的人，一生只做一件事》，以"热爱"来展开。

接下来，我们思考梁思成对建筑的热爱具体表现在哪里。可以放到具体的场景里分析，比如他少年的时候是如何热爱建筑的、中年的时候是如何热爱建筑的、晚年的时候是如何热爱建筑的，以时间为主线，逻辑就很清晰了。

同时，一个人是否热爱一件事，要看他在遇到困难时对这件事是什么态度。经过分析和思考可以发现，梁思成对建筑的热爱体现在他遇到困难时永不退缩的态度。

因为热爱，他放弃舒适的工作，以一己之力挑起开创中国建筑业的重任。

因为热爱，他忍受清贫的生活，孜孜不倦地撰写中国人自己的建筑史。

因为热爱，他不畏强权，一腔孤勇地保护着中国的古建筑。

至此，一篇人物观点文的思考流程就结束了。其中的每一步都很重要，尤其在立意上，需要大量查阅人物的相关资料，才能激发出新的观点。

2.5 书评观点文思考模板

书评一直是新媒体头部大号喜欢的选题。这类选题的特点是要以书中的素材作为文章的论据，从中提炼出符合当下主流价值观且能引发读者共鸣的观点。

1. 读后感与书评的区别

读后感： 其内容比较私人化，通常是写自己阅读后的感受，缺少新颖的观点。

书评： 一篇新媒体书评，需要作者吃透书中的内容，厘清书中人物的关系，从故事情节、人物经历中提炼出一些能引发读者共鸣的观点。

图 2.7 所示为总结整理的书评观点文思考模板。

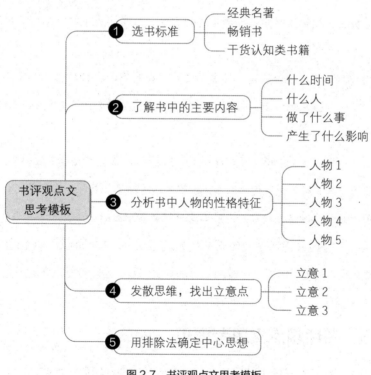

图 2.7　书评观点文思考模板

2. 如何选书

在选择可写书评的书籍时,我会先去豆瓣上查找一番。豆瓣上有各种各样的主题书单,可以从中选小说类或者实用型的书籍。十点读书、洞见等平台倾向于小说类的书评,而樊登读书、慈怀读书会两者都收。对于初学者来说,写实用型书籍的书评更容易入手,因为书中的观点比较明确、故事情节简单、人物关系简单,既容易阅读,又容易理解。

如何判断一本书能不能写、好不好写,下面有几个方法分享给大家。

(1)看书的简介

我们可以通过豆瓣、百度百科、当当网等来看书的简介,目的是检验自己是否对书中的内容感兴趣,也可以大概看一下是否能从书中提炼出引发读者共鸣的观点。另外,还可以通过一些读书视频号来了解一本书,比如抖音平台的"5分钟快读""路上读书""每天听本书U"等。

(2)利用关键词进行精准搜索

① 《书名》+空格+人生道理。

② 《书名》+空格+人生哲学。

③ 《书名》+空格+作者+创作意图。

④ 《书名》+空格+人性。

⑤ 《书名》+空格+主要内容。

大家在搜索的时候,也可以用以上组合方式拓展自己的思维。

(3)看豆瓣书评

看豆瓣中点赞多的短评和长评,可以通过这些评论判断这本书有没有可写的必要性。表2.7所示是一些阅读书目,供大家参考。

表 2.7 阅读书目推荐

书名	作者
《活着》	余华
《平凡的世界》	路遥
《许三观卖血记》	余华
《呼兰河传》	萧红
《白鹿原》	陈忠实
《尘埃落定》	阿来
《堂吉诃德》	[西]塞万提斯
《百年孤独》	[哥伦比亚]加西亚·马尔克斯
《呼啸山庄》	[英]艾米莉·勃朗特

总的来说，经典名著和畅销书都可以写。

3. 如何找到书评的立意点

这一步很关键，也是新媒体书评最难的环节。原则上什么书都可以写书评，如果只是输出读书心得，无须学习相关的方法论。但如果想投稿到各大平台，有变现需求，就要下一番功夫。

一般读完一本书后，我会去豆瓣、知乎、小红书、中国知网、今日头条等查阅与这本书相关的解读，看看各界人士是如何评价这本书的，从而加深理解。

这里着重强调中国知网，它是我写书评观点文必看的网站，里边收录了很多学者对名著的研究和分析，对著作的内容总结很到位，可以启发我们思考。看到能引发读者共鸣的观点，可以记在本子上，或者记在文档里，以备后用。

以我之前写的《骆驼祥子》这本书的书评为例，讲解找到一篇书评立意点的方法。看完这本书后,我把书中的人物用思维导图列出来,并分析了主要人物,如图2.8所示。

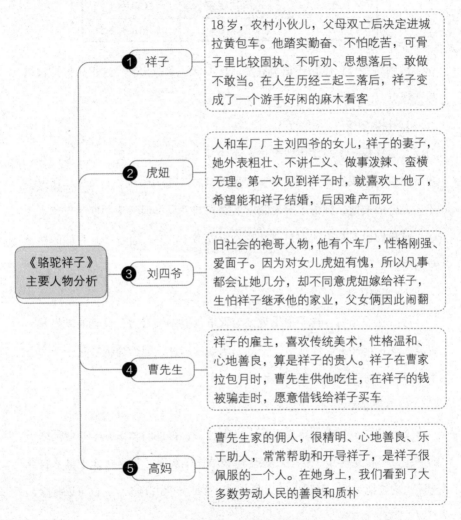

图2.8 《骆驼祥子》主要人物分析

接下来,我把想到的要点填到九宫格里,如表2.8所示。

表 2.8 提炼要点

封建制度	坚强乐观	慈悲善良
反抗意识	《骆驼祥子》	认知狭隘
固执己见	愚昧无知	选择的重要性

做到这一步,思路还是很混乱,捋不清一条线出来,这里用排除法来筛选观点。

1)封建制度

《骆驼祥子》这本书主要讲一个叫祥子的人,在经历了人生的三起三落后,从一个积极向上的有志青年慢慢滑向堕落的深渊。老舍先生通过描述主人公的遭遇,抨击了封建制度的腐朽与残酷。但封建制度距离读者太远,而我们也不是生活在封建社会,所以书中的时代背景不在我们的考量范围内。

2)坚强乐观

第一次丢车时,祥子很乐观,他觉得只要继续努力,买车的梦想就一定能实现。这件事能体现出祥子坚强乐观的精神,但因为情节过于单薄,不足以支撑整篇文章,可以排除。

3)慈悲善良

《骆驼祥子》中的曹先生是一个很慈悲、善良的知识分子。他是祥子的雇主,不仅给祥子工作,还愿意借钱给祥子买车,甚至在祥子自暴自弃时还想着拉他一把。但同样地,书中关于这部分的内容很少,也可以排除。

4)反抗意识

祥子并不是一个懦弱的人,他不管遇到多大的生活难题都没有退缩。但遗憾的是,他熬到一半就放弃了。因此"反抗意识"这点可以排除。

5）认知狭隘、固执己见、愚昧无知、选择的重要性

这几个要点都是书中重点写的内容。"认知狭隘"跟"固执己见"，本质上互为因果关系，可以理解为因为一个人认知太窄、思想滞后，所以容易画地为牢、固执己见。"愚昧无知"则是认知狭隘产生的后果。由此可以将文章的立意点定为"一个人悲剧的根源是认知狭隘"。然而，这个角度已经有人写了，如果我再写，很难写出新意，只好放弃了。

那么只剩下"选择的重要性"这个角度了。为什么说选择对于人生很重要？因为祥子其实有很多次改命的机会，但他都没有把握住。

① 祥子第一落：车被官兵抢走了。

刚进城没多久的祥子想挣钱想疯了。当时北京城战乱不停，别人都不敢出车，也劝他不要出车，可是他为了赚钱，不惜冒险出车，结果还没等他上小道，连人带车都被抓起来了。这就是选择的重要性，他看不清当前的局势，不懂得权衡利弊，一意孤行，这样往往得不到好的结果。

② 祥子第二落：干包月时，祥子辛苦攒的钱被孙侦探骗走，第二次买车的希望破灭。

祥子在曹家干包月时，攒到了一笔钱，他想用这笔钱去买车。曹家佣人高妈劝他把钱拿去投资，稳赚不赔，可祥子半个字都没听进去，甚至觉得这些招式不靠谱。最后的结果就是这笔钱被孙侦探骗了去，祥子的买车计划泡汤了。由此看出，选择很重要，倘若祥子听了高妈的话，也不至于落得这样的结果。

③ 祥子第三落：为了办理虎妞的丧事，祥子卖掉了车。

祥子娶了虎妞，他娶虎妞不是因为爱她，而是因为与虎妞结婚后他能少奋斗很多年。可是，他选择了"面包"，又想要爱情。本来他安心地和

虎妞过日子，不见得会过得很差。可是他天天为自己的选择后悔，天天抱怨，觉得自己是个吃软饭的人，日子过得一天不如一天。

后来，虎妞难产而死，祥子又有机会和心爱的人小福子在一起了。可是看到小福子家庭困难，还有一个酗酒的爹，他又放弃了小福子。等到小福子死了，他又十分后悔，再也不拉车了，天天混日子。

产生这种悲剧的原因，就是祥子每次的选择都是错的。所以，文章最终的落脚点可以放在"选择的重要性"这个主题上。

分论点如下。

① 做事不考虑后果，就会自食其果。

② 选择一意孤行，人生之路会越走越窄。

③ 想享受最好的，却承担不了最坏的。

④ 一个人的命运，藏在他的选择里。

如果是初学者写书评，建议用并列式结构，这样思路会清晰一些。比如马伯庸的《长安的荔枝》，讲的是九品小吏李善德是如何攻破层层难关把荔枝从岭南送到长安的，写书评时可以借鉴李善德的经历，总结出一个人成事的三个法则。

法则1：目标感强。李善德每一步计划都有目标。

法则2：发挥自己的优势。李善德利用自己的能力计算出相关的结果，事半功倍。

法则3：关键时刻豁得出去。

这三个法则都非常贴近现代生活，实操性很强。

2.6 影评/剧评观点文思考模板

经典影视剧有流量基础,具备爆款潜质,要想从影视剧中提炼出有价值的观点,可以参考图 2.9 所示的影评/剧评观点文思考模板。

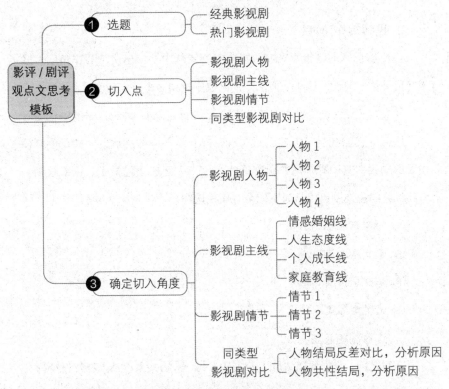

图 2.9　影评/剧评观点文思考模板

1. 选适合写的电影/电视剧

一般来说,豆瓣 TOP250 排行榜中的影视剧都可以写。我们平时看剧时,可以有意识地对影视剧进行分类,如国外经典影视剧、国内经典影视剧、古代经典影视剧、近代经典影视剧、现代经典影视剧等。

《当幸福来敲门》《父母爱情》《肖申克的救赎》《霸王别姬》《请回答1988》《甄嬛传》等都是经典影视剧,都可以作为选题。有一个公众号专门分析《甄嬛传》的剧情,收获了一大批粉丝。由经典小说改编的影视剧也可以写,比如《活着》《茶馆》《人世间》等。

2. 找到写作角度

经典影视剧的剧情复杂、故事丰富,能从中挖掘出多个写作角度。以《父母爱情》为例,分析如何从一部电视剧找到多个写作角度。

《父母爱情》这部电视剧在豆瓣上的评分是 9.4,评论区是清一色的好评。这部电视剧我看了五遍,每次看完都有不一样的感触,一共写了五篇相关的剧评。其中有三篇的阅读量破 10 万+,还有一篇被十点读书收录。一部经典的影视剧可以从以下四个方面找选题。

① 影视剧人物。

② 影视剧主线。

③ 影视剧情节。

④ 同类型影视剧对比。

(1) 影视剧人物

在写之前,我们要厘清剧中的主要人物、人物关系以及人物性格特征,并通过思维导图或九宫格的方式列出来。《父母爱情》中的主要人物分析如图 2.10 所示。

接着,我开始查阅资料,看看别人是如何评价这些人物的。当我浏览豆瓣时,被一个叫"在《父母爱情》中,你们对哪个角色印象很深刻"的话题吸引了。我以为大家都会说安杰,但评论区中的大多数评论都说是江德华。我在网上搜索关于"江德华"的文章,发现都是一些零碎的片段,还没有人深入地剖析过这个人物。于是,我把主题确定为江德华。

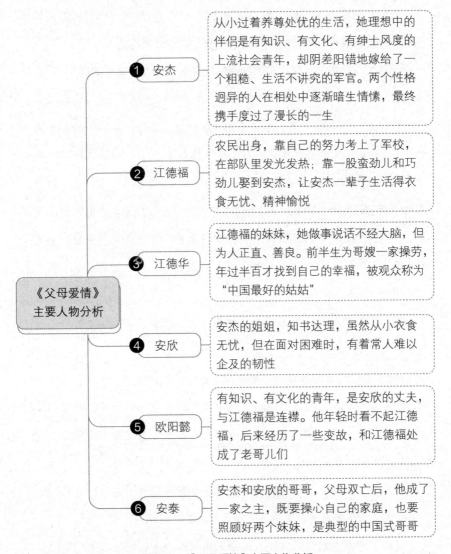

图 2.10 《父母爱情》主要人物分析

结合剧情分析后,我发现江德华虽然是一个土里土气的乡下妇女,可她非常善良、朴实。她一辈子主要做两件事:一件是帮安杰带大五个孩子;另一件是希望成为老丁的伴侣,陪他度过余生。虽然她咋咋呼呼的,嘴上没个把门的,却真心实意地对身边的人好,这一点很打动人。

我开始布局整篇文章,按照剧情的发展脉络来设计文章的结构。

① 初登荧屏的江德华,其貌不扬,还带有农村妇女的泼辣与蛮横,没什么判断力,听风就是雨。她和安杰同住一个屋檐下,争吵不断,矛盾不息。一开始,大家都不喜欢这样的江德华。

② 姑嫂二人相处的时间越长,彼此的个性越显露。安杰来自大城市,喜欢干净,讲究生活的仪式感;江德华是乡下农妇,凡事都能将就。两人在一拉一扯中,关系剑拔弩张。虽然矛盾重重,可江德华在帮安杰带孩子这件事上,尽心尽力、无怨无悔。她将安杰的五个孩子视如己出,为安杰忙活了大半辈子。

剧情发展到这里,江德华任劳任怨、不怕吃苦的人物形象更为明显,很多人也被她"圈粉"了。

③ 江德华伺候了哥嫂一家大半辈子后,才腾出时间考虑自己的终身大事。她喜欢丧偶的老丁,尽管对老丁多番表示,可老丁就是不喜欢她。后来,老丁在情场上多次惨败后才发觉江德华的好,于是决定跟江德华在一起。江德华终于如愿以偿。

最后,大家似乎忘记了江德华曾是一个嘴碎的乡下妇女,只记得她是一个一辈子都在为别人着想的人,虽质朴无华,却深入人心。

这篇文章根据剧情的发展,把跟人物相关的细节提炼出来,塑造了一个多面的人物形象。当这篇文章发表在今日头条上没多久,就获得 18 万的阅读量。

另一个值得写的人物是安欣。这个灵感来源于我浏览知乎时看到的一个话题:"《父母爱情》中的安欣是一个怎么样的人"。评论区有很多对安欣的赞美,都说她是最好的姐姐。由此,我把题目定为《看了5遍〈父母爱情〉,发现她才是剧中最完美的女人》。

写这篇文章时,我从三个方面来呈现人物的性格。

○ 对待妹妹,知冷知热。

○ 对待丈夫,生死相随。

○ 对待困境,坚守自我。

1)对待妹妹,知冷知热

因身份缘故,安欣一家不受周围人的待见,妹妹安杰更是被以凑人头的方式拉去相亲。在相亲舞会上,江德福对安杰一见钟情。倘若安杰能嫁给江德福,安家从此就能扬眉吐气。一家人都劝安杰不要再挑了,只有安欣从未给安杰压力,她明白江德福并非妹妹理想中的丈夫人选。相对于家族利益,她更在乎妹妹的幸福。

后来,安杰跟她谈起江德福,安欣发现对方是值得托付之人,就告诉安杰大胆去爱。后来,安杰出嫁,安欣全权操办妹妹的嫁妆,像极了为女儿操办嫁妆的母亲。

2)对于丈夫,生死相随

安欣跟欧阳懿二人算是门当户对,情投意合。倘若没有那一次意外,两人的生活会过得越来越好。

当时,欧阳懿被下放小黑山岛,安欣本可以选择明哲保身,却毫不犹豫地辞掉工作,心甘情愿地跟着丈夫去过风吹日晒的日子。

有句话说:"由俭入奢易,由奢入俭难。"多少人在面对人生风雨时,失去了招架的能力,而那些在风雨中挺住的人,往往都能雨过天晴。安欣就是后者。

从宽敞明亮的大别墅到四处透风、破败不堪的民房,从大都市到贫瘠荒凉的小渔村,她一句怨言都没有,向我们演绎了什么叫大家闺秀的风骨。她能过好的日子,也能过坏的日子,这是大家风范。

3)对待困境,坚守自我

小黑山岛环境恶劣,生活条件艰苦。欧阳懿每天都要划着小船出海拉货,碰上暴风雨天气,小命甚至难保。安欣每天都缩在狭小的屋子里压面条,日子过得惨不忍睹。实际上,她只要开口让军官妹夫江德福行个方便,日子会过得好一些,但她从来都没有因为自己的困难而去为难别人。

这是安欣最为可贵的地方,即经历了时间和命运的无数次刁难与挑衅,依然对生活保有热爱,对他人保有善意。

经过一段时间后,这篇剧评获得了 55 万的阅读量。

(2)影视剧主线

《父母爱情》这部电视剧的主线是讲江德福与安杰相濡以沫的爱情故事,相关的剧评不计其数。如果再写他们是如何相遇、相知、相爱的,就很容易同质化。当我在思考切入点时,没有局限在某个人物或某个剧情上,而是从宏观的角度来思考这部电视剧有多少条线,最终捋出了三条线,将题目定为《〈父母爱情〉:豆瓣 9.4 的背后,藏着人世间最美好的 3 种情》。

捋出的三条线为爱情、姐妹情、姑嫂情,每一条线的素材都很丰富。只要把动人的、精彩的故事情节挑出来,再加上相关论述,并结合金句,就能增强文章的感染力。

（3）影视剧情节

网上有很多文章的内容是关于安杰和江德福的爱情故事，如果就这个主题写文章，则很难出彩。我抓住了"江德福很会哄人"这一细节，写了一篇角度新颖的剧评。

▶ **第一部分内容**

小标题：恋爱时，哄你是一种甜蜜

行文结构：观点（哄你是一种甜蜜）+场景叙述（恋爱时）。我在写的时候，刻意选取了江德福哄安杰的片段，再加上一些金句和自己的总结。

▶ **第二部分内容**

小标题：结婚时，哄你是一种智慧

行文结构：观点（哄你是一种智慧）+场景叙述（结婚时）。我选取了江德福和安杰结婚后的甜蜜片段，并添加小素材进行论证。

▶ **第三部分内容**

小标题：年老时，哄你是一种习惯

行文结构：观点（哄你是一种习惯）+场景叙述（年老时）。我选取了江德福和安杰年老后甜蜜的生活片段，并添加小素材进行论证。

（4）同类型影视剧对比

如果你看过《父母爱情》和《金婚》这两部电视剧，就会发现两者有不少共同之处。故事发生的年代相近；女主人公安杰和文丽都是城里的姑娘，都追究精致、有仪式感的生活。但是她们的结局有所差别：安杰被江德福宠爱了一辈子，衣食无忧，精神愉悦；而文丽一生磕磕绊绊，婚姻几度濒临破碎，最后勉强走到金婚。

为什么她们的命运如此不同呢？《〈金婚〉&〈父母爱情〉，为什么安杰比文丽过得更幸福？》这篇文章给出了答案。

▷ **原因1：江德福比佟志有本事，没让老婆在经济上受委屈。**

江德福虽然是农民出身，可靠着自己的努力当上了军官。他在没结婚之前就攒了一大笔钱，而且结婚后部队给分了大房子，工资也高。安杰嫁过来，在经济上不用发愁。

反观文丽，嫁给了从小城进城务工的佟志。佟志是厂子里的小技术员，虽然也有房子，却是个蜗居，工资也很低。文丽想要买件新衣服、烫个头发，都要考虑很久。

文丽与佟志一辈子都在为生计奔波，而安杰却没有为钱发愁过。

▷ **原因2：江德福更为老婆着想，愿意在婆家人面前维护安杰。**

婚姻好不好，钱很重要，但比钱更重要的是丈夫在对待家庭矛盾时的态度。

在《父母爱情》里，虽说安杰没有婆婆，可她有一个合不来的小姑子江德华。每次安杰和江德华发生争吵，江德福都站在安杰这一边。他明白，虽然妹妹是至亲，但老婆更重要。

在《金婚》里，当文丽和婆婆发生矛盾，佟志永远不分缘由就对文丽一通责怪，还让文丽让着婆婆。经济不到位，精神安慰也不到位，文丽的心一次又一次被佟志戳伤。

▷ **原因3：江德福比佟志更会笼络人心。**

江德福情商高，这体现在他为安杰娘家人所做的事上。当时安杰一家备受打压，但他不避嫌，该帮的就帮。姐姐安欣一家被流放小黑山岛，江德福也不顾自己身份的特殊性，让安杰亲自上门宽慰他们一家，后来还主动把姐姐家的两个女儿安排到部队里工作。他把安杰的家人当成了自己家人。

但是佟志在为人处世上就比江德福逊色多了。他平日里没主动上门问候过丈母娘，跟文丽的兄弟姐妹处得也不好，没能帮文丽娘家人做一些力所能及的事情，笼络不到人心。

2.7 如何提升思考力

有时候别人看我们的文章无感，并不是因为我们的文笔差，而是因为我们的思考不到位，表达上受限，导致文章的深度不够。如何提升思考力？我分享三个经常使用的方法。

1. 凡事多想为什么

"是什么—为什么—怎么样"，任何一件事情的表述都离不开这个结构，但很多人仅仅看到了"是什么"，没有进一步想"为什么"以及"怎么样"。

不管是面对热点话题，还是经典话题，都要学会思考，才能透过现象看到本质。

遇到问题多想一步，就是在训练自己的思考力。一件事的表象很容易看出来，但要想看到本质，还需要在日常生活中多加练习。凡事多问一句为什么，多问一次，就距离本质更近一步，久而久之，看待问题也就不再那么肤浅和片面了。

2. 学会触类旁通

思考不是单线活动，而是综合活动，要在实践中学会触类旁通。比如看到一个好素材时,要深入思考为什么会觉得它好、它好在哪里、能应用到哪些话题创作中;然后把相关的话题写出来,并进行对标,看看哪个素材更合适。这个过程不仅能帮助我们积累素材,还有助于提升思考力。

3. 定期输入

如果大脑空荡荡的,思考就少了着力点,哪怕你想再深入一些,都不知道从哪里开始。我们有必要通过阅读、与他人交流等方式,定期输入知识和经验,然后从中提炼出自己的感悟,将其分享出去。

长此以往地进行刻意练习,我们就会养成习惯,进而提升思考力。这样就不会害怕写文章没有切入点,表达不够深入了。

第 3 章 写稿时的结构模板与素材

想要文章写得又快又好,在下笔之前需要梳理文章的脉络,写出比较详细的大纲,将写作思路转化成可呈现的写作结构。

3.1 列大纲的模板

写作前,需要大纲指引写作方向。有逻辑的大纲可以帮助我们在写的过程中找准写作方向,及时修改错误的内容,避免大返工。

3.1.1 列大纲的注意事项

在下笔之前,要认真思考文章应该分为几部分、每个部分的内容如何衔接,以及哪里需要突出重点、哪里需要弱化。在写大纲时,要注意以下五个方面。

① 提出明确清晰的观点,确定文章的主题。
② 明确文章的结构。
③ 思考文章每个分论点之间的逻辑关系。
④ 填充素材。
⑤ 检查文章的结构是否有漏洞。

为了让大纲具备操作性,初学者要尽量避免以下错误。

1. 过于简单

以《一个人最高级的自律是"迟钝"》这个选题为例,如果在列大纲的时候只写了创作意图,没有配上素材,就无法对行文产生约束力。

2. 过于陈旧

陈旧是指分论点没有新意,素材和论述比较老套。以《一个人高度自律的3种迹象》为例,如果是初学者就容易写成如下分论点。

迹象1:坚持健身;

迹象2:坚持读书;

迹象3:坚持思考。

这几个角度本身没有错,但已经被写了很多次,读者光看题目都能猜出大部分的内容。此时,再正确的内容,读者看得多了也会反感。

3. 过于详细

大纲过于详细,也不利于行文。写大纲时,先筛选出一两个合适的素材,然后简单地进行描述,把故事讲清楚就行了。

4. 过于空洞

空洞指的是立意过大,论述不够深入,这会使文章没有深度。

3.1.2 如何列大纲

大纲的字数尽量控制在400~500字,比如《人有德,必有福》这篇文章的大纲如下。

(1)真善行,无辙迹。

素材:有个老人独居多年,有一天,他家附近搬来了一家人。老人看到邻居的水壶坏了,想送邻居一个新的水壶。为了维护邻居的自尊,老人买了一个新水壶,抹上灰尘,借口说是家里闲置的水壶,送给了邻居。此后,老人以这样的方式给邻居送了很多东西。直到有一天,邻居的孩子发现了老人的良苦用心,在圣诞节的晚上,给老人送去了礼物。

论述:原来,善到深处是无声的,那些悄悄为别人搭桥的人,日后自然有人为他全力铺路。

(2)人低谷,不打扰。

素材:电视剧《三十而已》中,女主人公顾佳婚姻破碎后,好友王漫妮跟钟晓芹没有追问缘由,而是默默地陪在她的身边。

论述:不打扰、不过问的处世之道里,藏着一个人高明远识的善良。

(3)人有德,必有福。

霍金舵是一位滴滴代驾司机。他曾经接到一位客人,是一位企业家,两人聊了一路。聊到深处,霍金舵发现客人眼下生活困顿,对未来没有盼头。后来,霍金舵给这位车主免了单。有一天,霍金舵凌晨一点刚结束一单代驾,打不到车回家,只能在路边招手拦车。这时有一辆车停了下来,他发现车里坐着的正是当初自己免单的客人。

论述:人生所有的运气,都不是凭空而来,而是你在点滴行为中积累的福报。

经过分析与总结,列大纲的基础模板如图3.1所示。

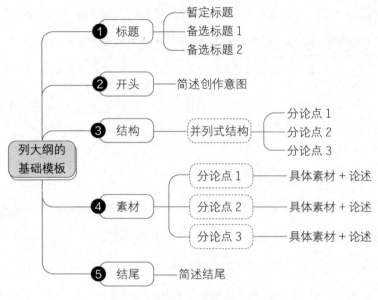

图 3.1 列大纲的基础模板

3.2 新媒体文章的结构模板

同样的主题,如果构思巧妙,文章就能胜人一筹。新媒体文章通常有以下三种结构模板。

① 并列式结构。

② 对照式结构。

③ 递进式结构。

3.2.1 并列式结构

所谓并列式结构,就是一篇文章的各部分内容没有主次轻重之分,可以调换顺序,而不会影响整篇文章要表达的意思。以《一个女人的好命,从

"薄情"开始》这篇文章为例,分析并列式结构在新媒体文章写作中的应用,如图 3.2 所示。

图 3.2 并列式结构的三个分论点

从图 3.2 中可以看出,这三个分论点相互独立,但它们都是为中心思想服务的,而且可以调换顺序,也不影响文章的整体表达。

并列式结构可以称得上是"万能"结构,可以应用于不同的文体中。

◎人际关系文

《有些话,适合烂在心里》

① 心酸的话,不要说。

② 抱怨的话,不要说。

③ 他人的闲话,不要说。

《遇到这三种人,请务必收起你的善良》

① 得寸进尺的"弱者"。

② 心术不正的"强者"。

③ 嫉妒心强的"普通人"。

《余生,和为你"充电"的人在一起》

① 真正的朋友,低谷时为你充电。

② 亲密的爱人,遇挫时为你充电。

③ 正能量的家人,消极时为你充电。

◎家庭婚姻文

《富养妻子,才是一个家最好的风水》

① 富养妻子,亲子关系更融洽。

② 富养妻子,婚姻关系更和谐。

③ 富养妻子,家庭氛围更和睦。

《好的婚姻,都有一个有格局的丈夫》

① 有格局的丈夫,都不怕"认怂"。

② 有格局的丈夫,从不吝啬赞美妻子。

③ 有格局的丈夫,给足妻子面子。

《婚姻中最好的三种状态》

① 久处不厌。

② 闲聊不烦。

③ 分寸不乱。

◎个人成长文

《提升格局的三把钥匙》

① 言人人殊,容得下非议。

② 身处险境,静得下心神。

③ 人在低谷,耐得住寂寞。

《真正厉害的人,都是"反本能"体质》

① 高兴时,不轻易许诺。

② 愤怒时,克制争辩的情绪。

③ 悲伤时,懂得收敛倾诉欲。

◎名著解读文

《〈边城〉：两个人能不能走到最后，其实早已注定》

① 你的原生家庭里，藏着你的爱情观。

② 别因为你的犹豫，错过想要的爱情。

③ 感情里最怕的就是我不问、你不说。

（备注：书评通常根据故事线来安排素材，论点的顺序不能调换，否则无法展开描述，读者也不易理解。）

◎家庭教育文

《这四种"无效陪伴"，比不陪伴还伤孩子》

① 没有用心，陪伴只是陪着。

② 过度干涉与控制。

③ 打断和干扰，破坏孩子的专注力。

④ 陪伴者的情绪、状态不稳定。

如果是初学者，建议从这个结构学起，这不仅可以增强自信，而且可以锻炼总结与提炼观点的能力。

3.2.2　对照式结构

对照式结构是在文章中对同一问题从正反两个方面进行论证，使论述更加透彻，更有说服力。

例如，《好的婚姻，都有一个会说话的丈夫》一文的主要结构如下。

正面：会说话的丈夫是怎么样的（具体素材）

反面：不会说话的丈夫是怎么样的（具体素材）

方法论：

① 遇事时，不要责备对方；

② 受委屈时，懂得安慰对方；

③ 难过时，懂得哄对方。

经分析和总结，可得出对照式结构的模板：开头（总述）+ 正面（具体素材）+ 反面（具体素材）+ 方法论 + 结尾（总结升华）。

3.2.3 递进式结构

递进式结构的模板如下。

是什么（提出现象）+ 为什么（分析原因）+ 怎么办（提出方法）

以《张幼仪：坏婚姻是所好学校》为例，文章内容讲的是张幼仪如何从一个弃妇逆袭成为银行总裁，采用的是递进式结构。

第一部分分论点：嫁给不爱自己的人，是悲剧的开始。

第二部分分论点：跌入生活的谷底，沉着修炼自己。

第三部分分论点：逆商无敌的张幼仪，走到了人生的"C位"。

第一部分是描述张幼仪如何被婚姻折磨得体无完肤；第二部分写的是她在面对这些苦难时采取了什么样的态度和行动；第三部分是写她这么做后得到什么结果。

递进式结构的侧重点是"为什么"和"怎么办"。而上面这篇文章的侧重点就在于告诉读者，在人生低谷时，只要不自我放弃，就没有人能放弃你；熬过了生活的苦，自然就能尝到生活的甜。

3.3 填充素材

写文章如同做菜，如果只知道菜谱，但没有相关的食材，恐怕再厉害的厨师也无法烹饪出美味佳肴。同样地，如果写文章只知晓结构而没有相关的素材填充，就算文笔再出众，也写不出一篇好文章。尤其在新媒体写作中，素材很重要，它是文中观点的论据，只有论据充分，读者才会被我们说服，才会阅读和转发文章。

在我教写作时，很多人都为如何找到合适的素材而头疼，找不到合适素材的主要原因如下。

(1) 积累不够

这个问题一时半会儿解决不了，需要时间的沉淀。我们在日常写作中，要养成随时思考、随时记录的习惯。

(2) 找不对关键词

如果对题目理解过于浅薄，甚至错误，导致使用不恰当的关键词来搜索素材，这样就无法找到合适的素材。

(3) 耐心不足

很多人在找素材时容易急功近利，想用最短的时间找到合适的素材。但实际上，短时间内找到的素材，要么太陈旧，要么用得太多。即便是成熟的作者，想要搜到一个好素材，也需要一两天，甚至更久。耐心不足，就很难找到合适的素材。

3.3.1 搜索素材的步骤

- 第 1 步，理解关键词。

《真正厉害的人，都是"反本能"体质》这篇文章有三个分论点。

分论点 1：高兴时，不轻易许诺。

分论点 2：愤怒时，克制争辩的情绪。

分论点 3：悲伤时，懂得收敛倾诉欲。

以分论点 1 为例，分析如何理解关键词"高兴""许诺"。为什么人高兴时会轻易许诺？在现实生活中，人在心情愉悦时容易做出一些冲动的事，这是人的本能。比如三五好友一起聚餐，聊得高兴时，如果一位好友提出一个要求，我们往往会因为得意忘形而应承下来，全然不顾是否超过了自己的能力范围。

- **第 2 步，发散关键词。**

如果只用关键词进行搜索，我们很难找到合适的素材。其实，每个关键词都能延伸出很多与之相关的内容和知识点。我们可以通过九宫格的方式来发散关键词，找出更多相近的词。我们先对第一个关键词"高兴"进行发散，如表 3.1 所示。

表 3.1 "高兴"的近义词

兴奋	喜上眉梢	情绪高涨
愉快	"高兴"的近义词	喜出望外
心满意足	兴高采烈	心花怒放

除了近义词，还可以想一想在什么场景下人会高兴，如表 3.2 所示。

表 3.2 "高兴"的场景

聊天聊到兴起时	实现目标时	被夸时
见到喜欢的人时	"高兴"的场景	升职加薪时
中奖时	买房买车时	进步时

接下来，我们分析第二个关键词"许诺"，通过九宫格来表现发散的近义词，如表 3.3 所示。

表3.3 "许诺"的近义词

答应	同意	准许
允诺	"许诺"的近义词	应允
应承	承诺	容许

有些关键词只有在搜索的过程中才能被触发出来。在搜索时,要注意文章的相关论述。例如,高兴时容易许诺是人的一种本能,而这种本能会让人做出一些冲动的事,由此可延伸出高兴时许下的诺言,多半是因为一时情绪上头失了理性思考,会产生"打肿脸充胖子"的后果。而"打肿脸充胖子"又是一个新的关键词,由此又可以延伸出"越爱面子,越没本事"等相关内容。

● **第3步,关键词组合。**

发散关键词后,我们就要对关键词进行组合,回到分论点1:"高兴+不要轻易许诺""情绪上头+要守住嘴""兴奋+不能得意忘形"等,要想找到好的素材,则需要把这些关键词都轮流搜一遍。

如果关键词发散得不准确,则主要是因为对主题理解不透彻。新手对模糊的概念进行搜索时,往往会无功而返。关键词不是一时半会儿就能想到的,需要我们一边搜索一边发散,这样慢慢地就能从杂乱的信息中找到精准的关键词。

学员@颜恋曾写过一篇关于林语堂的人物观点文,这篇文章的中心思想是"一个人最高级的成熟,是永葆童心",用到的是递进式结构。

● **第1步,理解关键词。**

这篇人物观点文的关键词有三个:林语堂、成熟、童心。

"成熟"与"童心"这两个关键词不难理解。有句话说,"知世故而不世故",简单来说就是真正的成熟是历经沧桑后还能保持那份纯真的童心。

- **第 2 步,发散关键词。**

"成熟"的近义词:稳重、老练、阅历深、历经沧桑、知世故、经验多、沉着。

"童心"的近义词:童真、天真、淳朴、赤子之心、单纯。

- **第 3 步,组合关键词。**

我们要找关于林语堂童心的素材,在组合关键词时,要带上"林语堂"。

林语堂是个有童心的人

林语堂,童心未泯

林语堂很天真

在写作时,找素材最耗时了,它需要我们通过相关的关键词搜索相关的素材,然后看完相关的文章,之后才能找到并筛选出合适的素材,这个过程没别的捷径,只有耐心。

在筛选素材的过程中,要选具体的素材,即有故事情节的。此外要选自己熟悉的素材,我们越清楚故事的来龙去脉,就越能应用自如。

如果一直都找不到合适的素材,大家可以尝试想象组合故事法,即联系生活实际,发挥想象力,补充故事情节,让素材呈现得更完整、更丰富。

3.3.2　多渠道搜索素材

素材不是想出来的,而是找出来的。网络时代的好处就是给我们提供了多种搜索素材的渠道。以下几个平台都是我们在搜索素材时经常用到的。

(1)微信公众号

微信公众号有搜索的功能，只要在搜索框里输入关键词，就会出现很多和主题相关的文章。

在平时的阅读和学习中，我们要有意识地为公众号做标签，进行分类，区分哪些公众号是写鸡汤观点文的、哪些公众号是写情感文的、哪些公众号是写八卦文的、哪些公众号是写亲子教育文的、哪些公众号是写时事类文章的。知道公众号的内容风格后，在搜索时就不会像无头苍蝇一样乱撞，比较容易找到合适的素材。而且，现在微信公众号在文章末尾还会推荐和主题类似的文章，也可以顺手点进去，看看是否有合适的素材。

(2)豆瓣

豆瓣上有一些比较热门的话题，比如"你见过的有趣的朋友圈""默默努力的中年人""低欲望人群生活实录""我们需要什么样的情感教育"……在这些热门的话题下面，有很多人发表自己的见解和故事，我们可以从中寻找素材。

(3)知乎

平时可以多去知乎逛逛，看看自己感兴趣的领域，随时记录新颖的素材和想法。

(4)微博

如果是一些大热点事件，可以去微博找找相关的内容。

(5)微信读书

微信读书是一个比较庞大的素材库，我们可以使用关键词在上面搜索素材。

(6) 热门评论

平时要养成看热评的习惯，比如文章的留言、热门话题的高赞评论，其中往往隐藏着精彩的素材。

(7) 视频平台

我们可以通过抖音、梨视频、西瓜视频等视频平台搜索素材。如果写人物观点文，还可以看相关的纪录片，加深对主题人物的理解。

除了在网络上搜索素材，我们还可以在实际生活中从自己的故事和别人的经历中挖掘好的素材。

作家丰子恺就很善于观察生活的细枝末节，他常常将家长里短的故事写进文章里，这些故事充满了烟火气。越是真实的故事，越是真实的情感，越能引发读者的共鸣。

只要我们多观察，就能发现身边处处是素材。

(1) 观察自己

① 观察自己的情绪

回想自己最近发生了什么难过或高兴的事情，为什么会产生这些情绪。例如，我写了一篇"爆款"文章，在清一色赞许的评论中，我看到了一条"这样的文章，也说好"的评论。当时的我，气得不行，于是回复了一堆话。没想到对方也不甘示弱，我俩在线吵了起来。这种不良的情绪霸占了我一整天，做什么都不顺心，还因此迁怒他人。反思后我才发现，这个世界上有喜欢你的人，就会有讨厌你的人，倘若过分在意他人的看法，只会损耗自己的元气。这件事可以用在"不要和不喜欢你的人争吵"的主题上——人生总会有不好听的声音，与其纠缠不休，不如保持沉默，沉默是最好的应对之策。

② 观察自己的缺点

缺点不见得是坏事,而是提醒我们该往哪个方向改进。比如你个性急躁,做事总是毛毛躁躁,因此吃了不少亏,这可以作为反面的素材,用在"相信慢的力量"这类观点的论证上。

③ 观察自己的优点

善于发挥自己的长处,也是成事法则之一,这类素材适合用在"对自己有清晰的认知""善于发挥长处"等主题上。

④ 观察自己的形象

如果你在形象管理上有一些心得,也可以成为创作的素材。

(2) 观察他人

想要从实际生活中获取精彩的素材,除了要学会观察自己,还要学会观察他人。

① 观察他人的言行

一个人的言行举止往往反映了他的精神世界。例如,在日常生活中,有些人遇事容易急躁,有些人比较冷静,不同的态度自然会造就不同的结果。我们若将目光聚焦于生活中的人与事,往往能找到引发读者共鸣的素材。

② 观察他人的生活方式

我有个朋友怀孕前是108斤,生娃后体重飙到了140斤。为了减肥,她每天在朋友圈打卡跑步的视频,坚持了一年后,她如愿以偿地瘦到了110斤。这就是一个好的素材,可以用在"自律"和"坚持"的主题上。

③ 观察他人的性格

我有个大学同学,她老公染上了赌瘾,不到一个月,把家产都败光了,还欠了一屁股债。面对人生的厄运,她没有自怨自艾,而是选择另找出路。

当时水果市场行情很好，她决定自己去批发市场拿货卖水果。她起早贪黑做了几年后，债还清了，房子、车子也买了，生活逐渐好了起来。这个故事就可以用在"乐观"的主题上。

（3）观察周围的事物

世间万物都是灵感的来源。一次，作家果戈理请朋友去饭馆吃饭，菜还没上齐，他伏到桌子上时，突然发现玻璃板下有一张菜单，他拿起笔就抄了起来。朋友笑："你要开饭馆吗？"他没吭声，只是一个劲儿地抄。等菜上齐了，朋友也不好意思吃。此时的果戈理根本没心思照顾朋友，结果朋友扫兴而去，而他还在兴奋地自言自语："太好了！这下刚构思的小说有眉目了！"原来，果戈理在写一部小说，主人公是饭店经理，他恰好需要一份菜谱。这张菜单正好救了急。果戈理抄好菜单，饭也没吃，跑着、笑着回了家，继续写他的小说。

生活即写作，写作即生活。将目光聚焦在现实生活中，有意识地培养自己的观察力，才能发现精彩的素材。

3.3.3　如何找到合适的金句

在合适的地方加上金句，可以增加文章的深度。但金句也不是找到就用，使用时要注意以下三个问题。

（1）避免使用过于简单和肤浅的句子

"失败是成功之母"这个句子过于简单，虽然没错，但美感和深度不够，用在文章中略显拙劣。

（2）避免误用无法体现主题的句子

如果句子表达的意思有所偏差，就无法凸显主题。例如，海明威说：

"生活总是让我们遍体鳞伤，但到后来，那些受伤的地方一定会变成我们最强壮的地方。"这句话的意思是：不要害怕苦难，不要害怕伤痛，熬过去，就一定会好起来。如果将海明威的这句话用在"关于和解"的主题上，就不合适了。

（3）避免使用出现频率过高的句子

我们可以多思考，深入挖掘一些比较惊艳、新颖、有深度的句子来增强语言的美感。

我在教写作时，经常有人问文章里的金句到底是怎么来的。事实上，那些金句并不是时时刻刻在我的脑海里，我也只是有个大概的印象。在写作时，我们可以通过关键词搜索金句。例如，要写一篇心态管理类的观点文，就可以在搜索框中输入"心态管理+金句/经典语录/名人/精辟句子"进行搜索。

我平时也喜欢通过各个平台积累金句，如知乎、豆瓣等，这些平台上就有很多关于句子集锦的话题，例如：

"有哪些你一看到就蹦起来找本子摘抄的句子"

"有哪些你一直珍藏着的宝藏句子"

"有没有那种看得特别透彻的句子"

"有哪些句子真正写到你心里去了"

"那些让人惊艳的短句"

"有哪些让你现在还忘不了的台词"

"有哪些你看一次就爱上的电影台词"

……

3.3.4 如何多角度应用一个素材

每个人的性格都是多面的,这就意味着可以将一个人的不同性格应用于不同话题的创作中。以袁隆平的故事为例,分析如何多角度应用一个素材。

1. 人物观点文

(1) 写作角度

热爱、奋斗、科研精神。

(2) 中心思想

一个人只有打心底热爱一件事,才能持之以恒,也才能有所作为。袁隆平之所以能成为中国杂交水稻研究奠基人和开拓者,其根源在于他对这份事业由衷的热爱。

(3) 具体素材

▷ 坚守梦想,坚定热爱

袁隆平高中毕业时,父亲希望他报考南京中山大学,走仕途。没想到,袁隆平拒绝了父亲的提议,他的梦想是成为一名出色的农业科学家。

父亲不理解袁隆平的选择,不满地问他是否确定要成为一个充满庄稼味儿的科学家,袁隆平的回答是肯定的。

面对父亲的反对,以及充满未知的前途,他还是义无反顾地选择了自己热爱的事情,坚持自己的理想。也正是因为热爱,他才能如苦行僧一般,全情投入,忘乎所以,成了"杂交水稻之父"。

▷ 面对非议,坚持到底

大学毕业后,袁隆平选择到安江农校任教,那是一个偏远且贫穷的地方。在那里,他遭遇了三年严重困难,农民几乎颗粒无收,他们的身体每况愈下。

看到这个惨状，袁隆平悲痛不已，他提出只有进行杂交水稻研究，才能彻底解决粮食危机，但这个方案引发了轩然大波。

因为国外早已有人证实过杂交水稻这条路行不通，这一理论也被写进了教科书。如今袁隆平提出这一颠覆性理论，是对经典理论的背叛和颠覆。有个专家说他不知天高地厚，甚至有人批评他连基本的遗传学常识都不懂。

这些非议，都没有让袁隆平停止研究杂交水稻的步伐。他认为，中国是产稻大国，稻种十分丰富，北方不适合研究，那就到南方去。面对他人的质疑，面对他人的风凉话，如何做到"不闻不问"，大概只有那份对水稻的热爱了。

因为热爱，所以他人的非议都变得不痛不痒；因为热爱，所以他人的"泼冷水"都变得无足轻重；因为热爱，所以他才能笑看风云，心无旁骛。

▷ 遇到困难，永不退缩

成功之路不容易走，别人的质疑不足以成为袁隆平研究水稻的障碍，真正的困难是如何找出杂交水稻的方法。

想要成功育种杂交水稻并不容易，当时有两种途径：一是通过人工去雄的方法；二是找到雄性不育的花蕊。

人工去雄的方法不太现实，只能通过第二种途径。

为了尽快找到不育雄蕊，每到稻穗花开的日子，他早上吃完早饭就泡在田里，手里拿着放大镜，一株一株地找，一行一行地找，一块田一块田地找，午饭就坐在田埂上吃两个馒头对付了，之后继续下田研究。

在稻穗花开的十几天里，每天如此，当时正值酷暑六月，烈日当空，他汗流浃背。

此番种种，任何一种都是常人难以忍受的，袁隆平却甘之如饴，无怨无悔。

功夫不负有心人，经过袁隆平的潜心研究，终于找到了雄性不育株，这就意味着杂交水稻研究工程又向前迈进了一大步。

当一个人真正热爱一件事，专心于一件事时，才能不畏艰难。袁隆平把对水稻的热爱，当成了人生信仰，这是一件比自己生命更重要的事。

2. 家庭教育文

（1）写作角度

教育、成长。

（2）中心思想

一个人的成功跟个人努力分不开，跟教育也分不开，尤其跟家庭教育有很大的关系。我们可以深入挖掘袁隆平的成长环境，研究家庭教育对他的影响。

（3）具体素材

> 读书，是人生最好的出路

母亲华静是名门闺秀，从小在英国教会学校读书，知识渊博，多才多艺，还讲得一口流利的英文。母亲是袁隆平的第一任启蒙老师。

不管时局如何动荡不安，母亲华静都坚持让孩子读书，她坚信读书是一个人最好的出路。在母亲的影响下，袁隆平也变成了一个小书迷，时常捧着一本书，看得津津有味。

因为从小在知识的海洋里遨游，袁隆平饱读诗书，了解世界的多元化，懂得敬畏知识的力量，沉淀了自己的文学修养。

这些知识滋养了他的心灵，也成了他后来进行科学研究的基础。

▶ 帮孩子树立正确的价值观

袁隆平能成长为备受敬仰的科学家,离不开母亲正确的教育方式。

在袁隆平很小的时候,母亲曾跟他讲过一个《胖狐狸吃鸡》的小故事,这个故事让袁隆平深受启发,也让他明白做人不能太贪,贪欲太重,往往玩火自焚。

不被贪欲裹挟,是袁隆平一生的坚守。

后来,当袁隆平成功育种杂交水稻,有人曾劝他把专利卖掉,后半生就不愁了,可他毫不犹豫地拒绝了。他认为,自己的人生不需要那么多钱,而且他研究水稻是为了解决人们的粮食问题,不是为了名利。倘若卖掉了专利,他就断了自己的研究之路,这是万万不行的。

▶ 尊重孩子的选择

袁隆平报考大学时,选择了农业学,母亲却觉得学农业太苦,可袁隆平认为民以食为天,粮食是生存的根本。

尽管希望儿子选择更轻松的一条路,但面对儿子的坚定,母亲还是选择支持他的梦想。

现实生活中,大多数的父母都喜欢打着"为你好"的幌子,横加干涉,甚至控制孩子的选择。虽然孩子最后听话了,却活成了别人的样子。

为人父母,不愿看到孩子吃苦是毋庸置疑的,可有时候选择放手,给予他们充分的选择权,是信任,也是爱。

开明的父母都明白,真正的爱,是让孩子按照他自己的意愿过一生。

3. 婚姻情感文

（1）写作角度

经营婚姻之道。

（2）中心思想

常听说："一个成功的男人背后都站着一个不简单的女人。"袁隆平背后不简单的女人，就是他的夫人邓哲。袁隆平这一生获奖无数，名满天下，而他与夫人邓哲的爱情故事也被人津津乐道。1964年，两人结为夫妻，携手度过了50多年的风雨，其间有运气的成分，但更多的是两人对婚姻的经营。

（3）具体素材

▶▶ 情投意合，三观一致

袁隆平和邓哲第一次见面就非常投缘，两人都喜欢运动，也爱好音乐。一个月左右，两人就领证了。虽然是闪婚，但不妨碍他们恩爱一辈子。

婚姻需要爱情，倘若没有爱情作为基础，怕是熬不过往后几十年一地鸡毛的生活。因为有爱情，所以有矛盾时，会懂得让步；而三观一致，才能在往后的岁月中，无话不谈，闲聊不烦。

▶▶ 好的爱情，都藏在细节里

刚开始谈恋爱的袁隆平，是个直男。结婚前他问邓哲："要不要给你买身新衣服呀？"邓哲说："不要，不要。"结果袁隆平就真的不买了，邓哲是好气又好笑。

结婚后的袁隆平，变成了一个"细节控"。两人出国时，袁隆平担心邓哲交流有障碍，会专门给她写英文求助语的牌子；邓哲在洗澡时，每次听见水停了都会叫她一声，因为当时家里的热水器不稳定，怕邓哲煤气中毒，得到邓哲的回应时，才放心；两人出去游泳时，袁隆平会随手带一把小剪刀，他担心邓哲被渔网挂住，带上剪刀能够方便帮她脱身。

这些似乎都是一些小事，可这些小事却是袁隆平对夫人沉甸甸的爱意。爱不爱一个人，细节看得见。

▷ 相互扶持，不离不弃

1966年2月，袁隆平发表了关于杂交水稻的第一篇论文。他本想着科研之路又近了一步，没想到风起云涌的时代，自己也未能幸免于难。他回到家后，对邓哲说："也许情况会很糟糕，你要做好和我分手的准备。"邓哲听后，毫不犹豫地说："大不了跟你一起回去当农民种田。"这番话，给了袁隆平莫大的安慰。

人人自危的时期，每个人都选择明哲保身，即便是亲兄弟，亲骨肉也会断绝来往。邓哲却选择坚定地与袁隆平站在一起。

为了让袁隆平潜心研究水稻，邓哲承担了照顾家庭的重任。就连双亲去世一应事务，全由邓哲操持。

倘若没有邓哲的支持，袁隆平怕是无法全身心投入科学研究。真正的爱，是一起携手蹚过人生的大江大河；好的婚姻，往往讲究江湖义气。

4. 罗列人物名言

一个知名人物，他说过的很多话都能让我们有所启发。我们可以用他们的名言，加上一些自己的论述来丰富自己的文章。

① 要做一粒好的种子，身体、精神、情感都要健康。种子健康了，事业才能根深叶茂，枝粗果硕。

【适用主题】做人的原则 / 做人的智慧

② 只要大方向是对的，不是死胡同，你只要坚持下去，就会到达光明的彼岸的。

【适用主题】经得起煎熬，耐得住寂寞

③ 不要怕失败。怕失败的人最好不要搞研究，搞研究绝大部分实验都是失败的，不会那么一帆风顺。

【适用主题】心态

④ 要说一点名利思想都没有是不可能的，但要淡泊名利，对物质别要求太高。

【适用主题】低调

⑤ 人的身上，最值钱的东西，是脑袋里的知识。

【适用主题】学习 / 自我提升

积累素材是一个漫长的过程，也是建立和丰富自己知识结构的过程。在这个过程中，要注重对素材的思考和应用，因为素材不是积累了就会自动变成我们文章的素材，这中间需要经过我们思考后再应用。想要让素材熟记于心，在思考上就不能偷懒。我们在知识上投入的脑力越多，对知识的内化程度就越高。

3.3.5　筛选素材

有的素材虽好，但跟文章的主题毫无关联；有的素材虽拙劣，但也有可取之处。总体来说，我们要根据文章的主题对素材进行整理和组合。

1. 要契合主题

文章有没有说服力，主要取决于素材的匹配度，若素材不匹配，后面的论述就会出现偏差。

在写《一个人惜命最好的方式：心宽，少虑，多笑》时，初稿用到的素材如下。

杨绛先生在清华任教时，一次全校大会上，有个女学生突然站起来说："杨季康先生教导我们，恋爱应当吃不下饭，睡不着觉。"

此话一出，众人纷纷向杨绛投去异样的眼光，而杨绛却沉默不语。

女学生见状，更是大放厥词："杨季康先生教导我们，结了婚的女人也应当谈恋爱。"

面对女学生的恶意中伤，杨绛选择一笑而过，不当回事。

她心里明白，女学生所言根本就是子虚乌有，如果此时跟她当面争辩，反唇相讥，只会激化矛盾，落个不欢而散的下场。

遇事不辩解，不是妥协，也不是懦弱，真正聪明的人，不会浪费在无端的争辩上。

💡 **分析：** 这个素材的重点在于遇到误解时，要懂得一笑而过，强调的是一种乐观豁达的态度，跟文章主题"惜命"关联性不大。

"惜命"跟"多笑"的关系在于，一个人时常把笑容挂在脸上，心态良好，身体自然也不错。

而终稿用到的素材如下。

有人曾问蔡澜："如果遇到困难，遇到烦恼，你会怎么做？"

蔡澜回答："我会去看《笑话三百篇》《幽默人生》，每天对着镜子'哈哈哈'大笑三声，这样就会觉得自己很好笑，一天的烦恼就没有了。"

笑，是他的人生态度。

他曾在《不如任性过生活》中写过自己的一段经历：

"在五十岁以后我才赚了钱，中年时我曾经失业过两次，做过高级职员，但最后也逼得我去领失业救济金。我也写过无数的求职信，但是，我能够挣扎成功，是因为我总是笑对人生，相信幸运女神会眷顾我。"

我们常说："笑一笑，十年少。"这并非妄言，如今已是八十多岁的蔡澜，思维敏捷，精神矍铄，不见暮态。

这几年，他每年新年都会在微博开启一问一答的活动，他的回答不但一针见血，还往往引得网友们捧腹大笑。

世界上八十多岁的老人很多，可像蔡澜先生这样已步入耄耋之年还能跟年轻人交流自如，永远笑眯眯的，可谓凤毛麟角。

分析： 蔡澜是个天性乐观的人，不管遇到什么事情，笑一笑就过去了。因为多笑，所以即便他已经80多岁了，精神还是很矍铄。一个人心态好了，自然就能延年益寿。

找到一个跟主题契合且情节精彩的素材确实不容易，但如果在同一主题的文章中，别人也用到了这个素材，那要如何避免抄袭呢？下面列举几个实用的方法。

① 改变叙述方式，顺叙变倒叙。例如，用故事的结局作开头、用故事中最精彩的情节作开头、用故事留给自己的整体印象作开头。

② 加入不同的细节。

③ 找原始素材，把素材的方方面面都理解透彻，然后重新设计故事结构和逻辑，用自己的语言把故事描述出来，这样才能写出独特的语言风格。

2. 要有代表性

所谓有代表性，就是读者一看就能明白这个素材讲的是什么。有代表性的素材能最大限度地引发读者的共鸣，这样才能使文章更有感染力。

例如，在《人有德，必有福》这篇文章里，有个分论点是"真善行，无辙迹"，初稿用到的素材如下。

岳龙是山东济宁一名普通的老师，却在2021年被多家媒体争相报道，并获得了阿里巴巴"天天正能量特别奖"。

原来，岳龙任教班级中的雯雯突遭家庭变故，倍感压力。

他敏锐地察觉到雯雯的情绪变化。了解情况后，他决定暗中资助孩子。

他想，孩子年龄比较小，性格也有些内向，不想伤害她的自尊心。

于是，他让姐姐岳燕出面，化身"爱心妈妈"，先后六次共资助孩子6000元，还经常买一些学习和生活用品，让姐姐帮忙带过去。

这个秘密，岳龙一瞒就是三年。资助学生的事，他从来没跟外人提过。直到雯雯妈偶尔翻看他的朋友圈，发现岳龙和岳燕是一家人，才知道岳龙一直隐瞒身份资助孩子。

雯雯感动地说："长大以后我也要当教师，帮助有困难的人。"

岳龙用默默资助的方式，呵护着宝贵的童心不被生活的阴影浸染。

他的善良，寂寂无声却照彻黑暗，护送了孩子一程，也温暖了孩子一生。

网友点赞说："资助的金钱固然重要，但用心维护别人的尊严，是多少金钱都买不来的善行。"

💡 **分析**：这个素材比较契合主题，但故事情节有些薄弱，不够典型，而且关于资助孩子上学的故事出现的频率比较高，比较难引发读者的共鸣。

终稿用到的素材如下。

看过下面这样一部短片。

有个老人独居多年，有一天，他家附近搬来了一家人。

在搬家的过程中，小男孩不小心打破了一个水壶，孩子的妈妈既生气又伤心。

这一幕，被正在厨房里洗碗的老人看见了。

于是老人买了一个新水壶，抹上灰尘，假装要扔掉，借此机会送给了他们。

夏天时，老人看见小男孩的爸爸抱着婴儿，一边哄，一边用扇子扇风。

老人又买了一台电风扇，故意沾满灰尘，丢在垃圾箱旁，最后被小男孩的爸爸拿了回去。

而这一切，被小男孩看穿了。

圣诞节的晚上，小男孩准备了饼干和牛奶，放在老人的门前。

老人推开门，两人相视一笑，都明白了彼此的善意。

分析： 这个素材比初稿的素材更有代表性，而且出现的频率也比较低，对读者来说是一种信息增量。

3. 要有新鲜感

在类似主题的文章中，同一个素材来回用，读者会产生审美疲劳。因此，要不断寻找新颖的素材和新的写作角度，激发读者的阅读兴趣。

4. 要真实，不能脱离实际

写文章时，真情实感才更容易引发读者的共鸣。如果素材不真实，都是杜撰的，文章会失真，读者也会反感。所谓"真情实感"，是指用到的素材要符合生活本身的逻辑，符合人类的心理活动，能从本质上反映出生活的真实面貌。

5. 同一篇文章的素材调性要一致

一般来说，一篇文章里的素材有4~5个，这些素材应该是同一个类型的。

例如，如果第一个素材是现代的，后面的素材也要是现代的，不能一会儿现代，一会儿古代，一会儿民国。如果素材的类型不同，文章的风格混乱，会给读者带来阅读障碍。

📖 6. 素材要多样化

所谓素材多样化，指的是素材的场景多样化，当第一部分用的是电视剧的素材，那么后面的素材就尽量用其他场景的素材，如生活中的素材或者一些热门话题，避免同质化。

📖 7. 要符合平台调性

写文章如果是为了投稿，那么在选取素材时就需要有侧重点。例如，十点读书喜欢贴近生活且偏现代化的素材；樊登读书喜欢干货内容比较多的素材；一些国学号喜欢古代故事等。不同平台对素材的要求有所差别，投稿前要了解清楚。

📖 8. 素材人名要简化

如果一个素材中出现了三个以上的人名，就需要考虑换掉该素材或将其简化。因为人名多，论述时容易混淆，也不易于读者理解。

3.3.6 找素材时，心态管理比技巧更重要

📖 1. 不要把找素材当成任务

任何一件事情，如果被当成任务，就会失去趣味性。找素材的确不容易，但是如果我们换个角度想，也许就变得有意义了。我们可以把找素材看成学习的过程，因为在搜索的过程中，我们会不断打破固有的认知，吸收新的知识。

2. 找素材要有耐心

有句话说:"30分钟能读完的文章,并不是30分钟写完的;5分钟能听完的歌,并不是5分钟创作出来的;3分钟能吃完的食物,并不是3分钟做出来的;一瞬间就能看完的画,并不是一瞬间画完的。"

如果找不到匹配的素材,也不要气馁,一个素材不契合当前的主题,不代表它不契合别的主题,说不准下次在写别的主题文章时就用上了。

我们要耐心地分析题目的意思,然后变换关键词,仔细地搜索素材。虽然比较慢,但只要一直在前进,就总会有所突破。

3. 保持好奇心

找素材是一个探索的过程,而好奇心让我们有探索的欲望,好奇心很大程度上是创作的原始动力。我们应该对大自然好奇、对人文世界好奇、对他人的故事好奇、对名人的故事好奇……

第 4 章 行文时的模板

文章的上文和下文是有联系的,可能是因果关系,也可能是转折关系。逻辑的存在就是为了让文章变得言之有理、言之有物。本章详细地介绍了如何设计文章的开头、中间、结尾,以及过渡句等,把每部分的内容拆解成通俗易懂的知识点,让行文逻辑可视化。

4.1 文章逻辑的重要性

一篇文章的诞生需要经过三个阶段:认知—思考—创作。先对事物有正确的认知,即对事物的看法与态度符合人们普遍的价值观;然后进行思考,提炼出自己的观点;最后进行创作,这三个阶段缺一不可。

而想要把这三个阶段串联起来,就需要设计行文逻辑。简单来说,行文逻辑就是把一件事情讲明白,让读者看得懂。

对于写作新手来说,在设计行文逻辑时通常会犯以下三个错误。

(1)因果关系有误

因果关系有误是指两个事物之间不存在因果关系,或者因果关系很弱。这会导致逻辑错乱。

(2)偷换概念

在写作中,偷换概念是指将正确的概念错用为看起来意思相近的概念,从而导致逻辑错误。这会导致找素材和论述观点时不够聚焦,甚至离题。

（3）论据不足

论据不足指的是文章中的论据虽然与观点有关，但是论据不能给观点提供充分的支持。这会导致观点不能得到有力的证明，无法说服读者。

4.2 文章标题模板

一个好的标题能提升文章的点击率，这是毋庸置疑的。就像面试的时候，面试官更倾向于选择衣着整洁的求职者，而不是衣衫褴褛的求职者。标题就是文章的门面。在这个处处都是竞争的时代，好的标题更能吸引读者探究文章的内容。虽然好的标题不易取，但只要掌握了正确的方法，加上持之以恒的练习，就能有所进步。

以下为取标题的十种方法。

1. 加数字

数字是最简单、最直观的表达，文章标题中加上数字可以帮助读者节省思考的时间，增强说服力。例如：

《某国每年猝死55万人：不着急的人生，到底赢在哪里？》

《学会这3种思维，你会变得很值钱》

《成人世界里的3条社交潜规则》

《1000个患者临终遗书：生命只剩下最后100天了，该怎么活？》

《女人30岁以后，一定要做的5件事》

《撑不下去的时候，请做这4件小事》

《真正厉害的人，从不说这3句话》

这些题目，不但有很强烈的引导意识，还能吊足读者的胃口。读者一看就想知道答案是什么，想从中获取有价值的内容。

初学者如果不知道如何在标题中加数字，可以先找出十个包含数字的标题，然后进行模仿。比如《一个人会不会说话，就看这4点》，把关键词"说话"换成"沟通""情商""智慧"等词，可以得到新的标题。

2. 加对比

在标题中加上对比，能帮助读者理解一些比较抽象的概念，也能形成强烈的反差感，激发读者的阅读欲望。文章标题中常见的对比有数字对比、时间对比。

◎数字对比

《月薪3000和月薪3万的差别在这里》中，"3000"和"3万"这组数字的对比，可以使大部分人在看到这个标题时，都有想点击查看的欲望。

◎时间对比

《他做了25年配音，跑了7年龙套，首演男主便获封影帝，登顶华语影坛》

以上标题有一个很明显的特点，就是进行了成功前和成功后的时间对比。成功前做了25年配音，但第一次演男主人公就获封影帝。

加对比的标题还有：

《从月薪2000元的小保姆到年薪84万元的英语老师，她是如何做到的》

《曾是清华大学毕业的高才生，年薪高达7位数，如今沦落到一无所有》

3. 加热点

热点具备流量基础，在标题上加热点就好比站在巨人的肩膀上，能提升文章的曝光率。

◎热点标题分类

① 时事热点

时事热点是指当前引起广泛关注和讨论的社会事件、问题或现象，举例如下。

《牺牲消防员最后的朋友圈曝光：如果可以，我们宁可不要英雄》

热点：凉山30名扑火队员牺牲。

观点：如果可以，我们宁可不要英雄。

《9岁孩子因撞碎玻璃跳楼：惩罚是最令人绝望的教育》

热点：9岁孩子因撞碎玻璃跳楼。

观点：惩罚是最令人绝望的教育。

《杭州逆行小伙刷爆朋友圈：成年人的崩溃都悄无声息》

热点：杭州逆行小伙刷爆朋友圈。

观点：成年人的崩溃都悄无声息。

② 明星热点

明星的粉丝多，影响范围广。明星就像一块磁铁，把与他们相关的事情讲出来，再加上符合人们价值观的观点，就能提升文章的传播率。例如：

《赵某某被曝产后抑郁：对女人最大的骗局是为母则刚》

这篇文章的热点是明星赵某某，关键词是"产后抑郁"，仅这两个关键词，就能吸引读者的眼球。产后抑郁是近年来人们讨论比较多的话题，不管是普通女性还是知名女性，很多人逃不过产后抑郁这个问题。

③ 热播影视剧

前几年，电视剧《都挺好》比较火，在电视剧热播期间，只要加上"都挺好"这三个字，流量都不会太差。例如：

《〈都挺好〉苏明玉人生真相：你认识谁比你知道什么更重要》

《〈都挺好〉大结局扎心：暴露了传统家庭中被忽视的四大隐藏真相》

④ 网络热词

网络热词是指主要流传于网络，具有时代特征且使用频率较高的词汇，流行范围广，例如：

《扎心生活的真相：用尽了全力才能过上平凡的一生》

平时可以有意识地搜索当下的网络热词，加入标题中，能有效拉近跟读者的距离。

4. 颠覆认知

颠覆认知，简单来说就是标题里包含的信息与我们平常接触到的知识有出入。比如"努力是实现梦想的基础"，这是大众普遍的认知，但如果改成"努力不是实现梦想的基础"，就颠覆了人们的认知。

在用这个方法时需要注意，一定是基于客观事实，不能为了博人眼球而写一些没有依据或者背离事实的观点。

5. 带提问

在文章的标题中加上提问语，能激发读者的好奇心。

我们可以在标题中使用这三个关键词："为什么""怎么样""如何"。

接下来我们看看这三个关键词在文章标题中的应用。

《辛苦挣钱为什么？为了干什么都不用等》

《为什么霸占了别人的座位，还可以这么理直气壮》

《李某当众落泪：为什么你要抛弃我》

以上三个标题用到的关键词都是"为什么"，这三个字有强烈的质问情绪。

《那些每天跑 5 公里的人，最后都怎么样了》

《为了孩子不离婚的女人，后来怎么样了》

《那个决定不考大学的女孩，最后怎么样了》

以上三个标题用到的关键词都是"怎么样"，从某个人决定做或不做某件事之后的结果引发思考，能激发读者的好奇心。

《如何避免成为一个肥腻的中年妇女》

《如何培养自己深度思考的能力》

《如何判定一个人是否厉害》

以上三个标题用到的关键词都是"如何"，"如何"多用在干货文、科普文的标题中。

6. 带场景

《只有来过菜市场的人，才敢谈什么是生活》

《24 小时快餐店老板说：深夜来吃饭的人，都有这个特点》

《火车站，才是人间的显微镜》

《男人爱不爱你，看他每天起床后的反应》

文章的标题聚焦于一个场景，其实就是让读者在短短的一句话中找到自己熟悉的空间，拉近与读者的距离，快速引起共鸣。

7. 说人话

新媒体文章的标题讲究能吸引人的眼球。所谓说人话，就是用通俗易懂的词语表达深邃有料的内容。用这种方法时，文章的标题一定要接地气，不要讲大道理。

例如：

《那些年，被甲方爸爸虐过的文案策划》

《那些年，熬不完的夜》

《过年回家，你妈逼你相亲了吗》

8. 传递价值

新媒体写作最忌讳的就是说空话，能够传递价值的标题更有吸引力。比如《成功的路上没有捷径，只有踏实地走好每一步》，这个标题就是一句正确的废话，因为我们都知道成功不容易。如果把标题改成《那些年入百万的"90后"，只因为践行了这个道理》，就更有吸引力了。

9. 加上情绪

加上情绪就是让人看完标题后，产生开心、气愤或激动等情绪。例如：

《那些自律到极致的人，都拥有了开挂的人生》

《坚持写作 5 年后，我活成了别人羡慕的样子》

10. 加上故事

讲故事的标题通常描述了一个跌宕起伏的故事，画面感很强。例如：

《30 岁海归姑娘裸辞，回农村开了民宿，还上了央视》

《94 岁裸捐 1857 万元，她是中国最后一个穿裙子的先生，却从未上过热搜，少人问津》

4.3 开头的重要性及常见问题

俗话说：开头写得好，文章成功了一半。如果开头平平无奇，自然无法吸引读者继续阅读；倘若开头设计得精妙，不仅会吊足读者的胃口，还能给他们耳目一新的感觉，文章的阅读量也会跟着上升。

对于写作初学者来说，在设计开头时容易犯以下错误。

（1）节奏太慢

新媒体文章讲究语言的节奏感，基本上一句话就代表一个意思。但很多人写了大半天还没有进入主题，节奏太慢，导致读者丧失了阅读兴趣。

（2）千篇一律

很多人喜欢用金句开头，但有些金句用多了，就失去了吸引力。

（3）空有文笔

很多人在写开头时喜欢用华丽的词语，看起来很有美感，但有时候一味地堆砌辞藻，容易给人华而不实的感觉。

（4）离题万里

如果对文章的主题理解和分析不到位，就容易一开始就偏题。

（5）逻辑混乱

句子与句子之间没有关联，开头与下文之间没有联系，会导致内容生硬，逻辑混乱，难以阅读。

4.4 鸡汤观点文开头模板

1. 金句开头法

用金句作为文章的开头，可以称得上是万能开头。只要找到合适的金句，接着表明自己的态度，就可以自然地过渡到文章的中心。但是我们在引用金句时，所用的金句要符合文章的主题。

例如,《一个人惜命最好的方式:心宽,少虑,多笑》这篇文章。

> **开头内容**

国外长寿学者胡夫兰德在《人生长寿法》中写道:"一切不利的影响因素中,最能使人短命夭亡的,莫过于不良的情绪和恶劣的心境。"物随心转,境由心造。惜命最好的方式并非养身,而是养心。而养心之道不见得高深莫测,无非是做到下面这三点。

> **分析**

① 引用符合题意的金句:一切不利的影响因素中,最能使人短命夭亡的,莫过于不良的情绪和恶劣的心境。

② 表明自己对金句的理解:物随心转,境由心造。

③ 转折:惜命最好的方式并非养身,而是养心。

④ 提出文章的观点:而养心之道不见得高深莫测,无非是做到下面这三点。

金句开头的句式往往有这几种:

① ……有一句通透的箴言:……

② ……在……曾经说过一句发人深省的话……

③ ……说过:……

2. 描述场景开头法

描述场景是指描述生活中能令人产生精神上共鸣的场景,如"全职妈妈一天的生活""火车站里看到令人感动/愤怒的一幕"等,针对这些场景,提出自己的态度和观点。

描述一个具体的场景作为文章的开头,容易让读者有代入感。举个例子,

《领导想逼走你，常用这3招》这篇文章的开头是这样的：

在职场里，往往会有一些员工与领导不合，但因为高成本、高代价，领导不能主动辞退员工，于是他们想出各种方法来逼走员工。

俗话说：人在江湖飘，哪有不挨刀。作者通过描述职场中领导逼走员工的事情，很容易引起相关读者的共鸣，有了共鸣，读者才会继续阅读。

在用描述场景开头时，要注意站在读者的角度思考问题，剖析读者的心理，捕捉他们想读哪类文章。

3. 提问开头法

用提问形式的内容作为文章的开头，比较容易和读者产生互动，能引导读者进一步思考。

例如，《情商越高的人，越懂得"麻烦"别人》这篇文章的开头，用的就是提问的方法。

▷ 开头内容

知乎上有个热门话题："你是怎么跟最好的朋友渐行渐远的？"其中有个高赞回答是这样的："也不知道怎么了，以前有事没事都会找他，后来忙于工作，既没了闲侃的闲情逸致，有事时又怕给他添麻烦。也许正因为这样，所以联系少了，感情也跟着疏远了。"我们不得不承认，再好的感情，如果失去互动，也会日渐淡薄。而人与人之间的互动，自然免不了麻烦，我们在一次又一次相互麻烦中，联系更紧，感情更浓。

💡 分析

第一句话（问题）：知乎上有个热门话题："你是怎么跟最好的朋友渐行渐远的？"

第二句话（答案）：其中有个高赞回答是这样的……

第三句话（态度）：表明作者对这个答案的态度。

第四句话（主题）：引出文章的主题。

类似这种提问的话题，网上有很多，至于用什么话题，需要根据主题来确定。另外，在用提问形式的内容作为开头时，要合情合理、契合题意。

以上这三种开头方法，每一种都可以独立使用，也可以叠加使用。至于用哪一种方法，需要根据个人的行文风格以及文章主题来定。

4.5 人物观点文开头模板

新媒体平台人物观点文中，观点与实例要和所写的人物有关。所以，这类文章从开头就需要摆出明确的观点，而不能只是纯粹罗列人物的生平。

1. 故事描述法

所谓故事描述法，就是截取主人公感人、有趣的故事进行描写，从而引发读者的阅读兴趣。例如，《梁思成：真正厉害的人，一生只做一件事》这篇文章的开头。

▷▷ 开头内容

1954年，古老的北京城里正在进行一场如火如荼的拆墙运动。

在巨型推土机的疯狂碾压下，一座座历史城墙瞬间变成废墟。

所有人都在翘首以待北京的新面貌，但有一个人却在痛哭流涕，他悲怆地说道："拆掉一座城楼像挖去我一块肉，剥去外城的城砖像剥去我一层皮。"

这个人便是建筑大师梁思成，建筑于他而言，和生命一样重要。

从初见心动到终生热爱,"择一事终一生"是他苦心孤诣一生的写照。

通过简述梁思成生活中的一个小故事,引出他热爱建筑的主题。

2. 背景介绍法

在文章的开头,简单介绍人物的出生时间、社会背景,接着简述人物的成长故事,顺其自然地过渡到文章的中心,这符合读者的阅读习惯和思维方式。但我们在开头用这种方法时,要注意厘清中间的逻辑关系,否则很容易写成流水账。

3. 人物对比法

所谓人物对比法,就是在同一个背景下,将相差比较大的人物放在一起进行对比,比如《民国女星王人美:长相不突出的女孩,如何过好这一生》这篇文章。

▷ 开头内容

20世纪二三十年代的演艺圈,有的人喜欢清丽脱俗的阮玲玉,有的人喜欢娇媚温婉的胡蝶,有的人喜欢金嗓子周璇,而我却喜欢相貌不突出却活泼、爽朗的王人美。

在那个百花齐放的年代,王人美凭借独树一帜的形象,在当时电影界掀起了新一股荧幕风潮,备受观众青睐。她用实力告诉我们,女人最大的魅力,绝不仅仅是长得好看。

这篇文章的开头如果没有将王人美与阮玲玉、胡蝶、周璇作对比,直接写"我喜欢活泼、爽朗的王人美",就显得太突然、太单调了。巧妙地把王人美和其他在长相上有差异的同类人物对比,使得王人美的个性更突出,给人留下深刻的印象。

4.6 书评观点文开头模板

新媒体书评需要我们在看完书后进行思考,并提炼出符合当下人们的思维方式和价值观的相关内容。

1. 背景介绍法

从作者写这本书的背景来切入,简要介绍作者为什么要写这本书、写这本书的意义是什么。

例如,关于《城南旧事》的书评。

▷ 开头内容

1960年,林海音42岁。在经历颠沛流离、生离死别后,她越发想念生活了20多年的北京。为了让实际的童年过去,心灵的童年永存下来,她执笔写下了《城南旧事》。

《城南旧事》其实是一本自传体小说,写的是作者小时候在北京生活的故事。林海音写这本书的时候已经42岁了,她经历了颠沛流离、生离死别。一个人在经历了不幸后,多半会对人生有新的感悟。有的人是懂得珍惜当下,有的人是越发怀念无忧无虑的日子,林海音是后者。

用背景介绍法来开头,既能体现作者的思考,也能体现文章的深度。

2. 主观评论法

所谓主观评论法,就是在看完一本书后发表自己的看法,并以几句简明扼要的评论作为开头,目的是增强文章的吸引力。评论要以事实为依据,并且契合主题,不可空发评论。下面以一篇《边城》的书评为例来说明。

▶ 开头内容

1934年,《边城》一经出版,就红遍大江南北。一同红起来的,还有《边城》里那个如诗如画的湘西小镇茶峒。沈从文用优美的笔触,为我们勾勒了一个如梦如幻的世外桃源。有不少人因沉迷于书中的一重青山、一片竹篁、一条清溪而不远千里来到湘西。

田园牧歌式的生活固然令人神往,可沈从文笔下的故事更让人回味无穷。而这种意犹未尽,多少沾染了些哀愁。在这座边城里,有的人抱憾离世,有的人客死他乡,有的人孤独远走……在多重悲剧中,最令人感伤的,莫过于女主人公翠翠那一段无疾而终的爱情。

💡 分析

① 正面描述这本书的地位:一经出版就红遍大江南北。

② 过渡句:红起来的还有故事的发生地茶峒。

③ 描述红起来的具体表现。

④ 承上启下:田园牧歌式的生活固然令人神往,可沈从文笔下的故事更让人回味无穷。

⑤ 具体描述:更让人回味体现在哪里。

⑥ 承上启下:转到文章的主题。

主观评论可以是正面的,也可以是侧面的。《边城》多为正面评论,例如:

① 中国现代文学史上有两座重要的"城":一座是钱钟书的《围城》,另一座是沈从文的《边城》。

② 《边城》这本书是田园牧歌,是对人性美好的赞美,是对平静生活的歌颂。

开头就表明对作品的态度,能引发读者的好奇,让读者想知道这本书为什么会有这样的评论。

3. 提问开头法

写书评时用提问的方法来开头,不仅能引发读者的思考,还能引起读者的好奇。以《骆驼祥子》的书评为例,分析如何在写书评时用提问的方式来开头。

知乎上有人提问:"有哪些初看不以为意,随着年龄增长慢慢觉得是本神作的书?"高赞回答是:"《骆驼祥子》,一本初中生都在读的小说。"1936年,老舍先生写下了这部"北漂"奋斗史,时至今日,仍对世人有深刻的影响。主人公祥子,从一个充满梦想、努力上进的小伙儿,变成了一个游手好闲的社会"垃圾"。这巨大的落差,看似是命运钦点的结局,实则是个人选择的结果。罗振宇在《跃迁》的序言中写道:"选择决定命运,认知决定选择。只有梯子搭对了墙,努力爬才有意义。"祥子的悲剧人生,从他的选择里就看出了端倪。

分析

① 以知乎上的问题引入。

② 从回答中侧面描述这本书的文学地位。

③ 表明作者对回答的态度。

④ 简略描述书中的内容,让读者知道这本书在讲什么。

⑤ 评价主人公的结局。

⑥ 用金句引出主题。

4. 简述书中内容法

这种开头比较常规，直接简单描述这本书的内容。下面以《〈月亮与六便士〉：女人的好命，藏在她的选择里》这篇文章为例。

▶▶ 开头内容

1919年，毛姆以法国画家保罗·高更的生平为原型，创作了经典小说《月亮与六便士》。此书一经出版，立刻引发了轰动。

书中讲述了主人公查尔斯·斯特里克兰德，一位事业有成、家庭美满的证券经纪人，人到中年却突然放弃了原有的生活，抛妻弃子，离家出走，去追寻梦想的故事。

初读时，除了感动于主人公追梦的勇敢与执着，给我留下深刻印象的，还有主人公的前妻——艾米。

一位居家十七年的全职太太，丈夫突然离开，以往安逸的生活顷刻之间支离破碎。艾米没有因此一蹶不振，而是在了解了缘由以后，坦然接受，勇敢面对。

最终，她不仅事业有成，也将一双儿女抚育成才。

而今重读经典，少了旧日的冲动，多了生活的理性；屏蔽艺术的光辉，洞悉现实的锋芒，这才发现，艾米成功的人生其实早有伏笔。

💡 分析

① 简述《月亮与六便士》这本书发表的时间与创作背景。（毛姆于1919年创作了这本书，以法国画家保罗·高更的生平为原型）

② 发表后的结果。（出版后引发轰动）

③ 简述书中的内容。

④ 描述看完书的感受。

⑤ 引出文章主题。

使用这个方法时,要注意这本书的故事梗概是否能引出文章的主题。

5. 金句开头法

这个开头法的逻辑大体是这样:引用金句 + 表明对金句的观点和态度 + 引出书中的大概内容 + 引出文章的主题。

《〈四个春天〉:最深的感情,都在最平凡的人身上》这篇文章就以周国平说的一句话为开头:"人世间的一切不平凡,最后都要回归平凡,都要用平凡生活来衡量其价值。伟大、精彩、成功都不算什么,只有把平凡生活真正过好,人生才是圆满。"然后表明自己的态度和观点:总有人抱怨平凡的生活乏味无趣,其实,日常生活中随处可见的烟火气,才是真正的诗意与美好。接着简述这本书的主要内容,引出文章的主题。

6. 引用书中情节作为切入点法

我写《金锁记》的书评时,就选取了书中的经典情节作为切入点。

▷ 开头内容

张爱玲在《金锁记》的开篇写道:"年轻的人想着三十年前的月亮该是铜钱大的一个红黄的湿晕,像朵云轩信笺上落了一滴泪珠,陈旧而迷糊。老年人回忆中的三十年前的月亮是欢愉的,比眼前的月亮大、圆、白。然而隔着三十年的辛苦路往回看,再好的月色也不免带点凄凉。"三十年前的七巧,有着如月光般皎洁的容颜,看到的月亮又大又圆。三十年后的七巧,是个躺在烟铺上的病妇,看到的月亮充满了悲凉和末路感。月亮还是那个月亮,只是人早已不是三十年前的人。时过境迁,物是人非,曹七巧的命运底色也从壮丽到悲怆,令人唏嘘。这巨大的落差,与其说是现实的局促与时代的悲怆造成的，倒不如说是她受了欲望的蛊惑，亲手毁了自己。

这篇书评的开头引用书中的情节作为切入点，这样做的好处是避免了常规的开头，让读者有耳目一新的感觉。

4.7 叙述模板

叙述是通过一定的方法描述好一个素材。写作时，能把故事写清楚并非易事，把故事写精彩更是难上加难。

1. 叙述时容易出现的问题

写作初学者在叙述时容易出现以下问题。

① 没有把事情讲清楚。

② 主次不分，把笔墨放在一些无关紧要的细节上，从而忽略对主要内容的描述。

③ 过于简洁，导致内容浅薄，撑不起一篇文章。

在叙述时，要注意前后文的联系，让文章的发展有章可循，内容相互作用。想要让叙述更流畅、更有逻辑性，可以学习倒叙法和顺叙法。

2. 倒叙法

倒叙法就是我们描述一个素材时，先把结果告诉读者，然后分析原因。这样处理的好处是，避免在叙述的过程中因沉迷于故事的过程而忘记了结果，而且能避免读者看了半天都不知道文章在写什么。

例如，《一个女人的好命，从"薄情"开始》这篇文章，在行文时，就采用了倒叙法。

在论述"面对无底线的请求，无情拒绝"这个分论点时，就先写："最近，我把老同学拉黑了。"然后分析拉黑的原因是什么。

原因：我们久不联系，一上来他就要求我帮他助力拿奖品。看在老同学的份上，我助力了，结果不成功。他要求我下载 App，一通操作下来也没有助力成功，最后我跟他说放弃了。没想到，他却说我没有人情味儿。

结果：我把他拉黑了，世界一片清净。

把素材描述完之后，如果素材本身足够精彩，内容也比较丰富，就可以直接对分论点进行加强论述；如果素材本身不够完整，则可以加上一个短素材作为辅助说明，如寓言故事、生活案例、热门话题等。

倒叙法的论述模板可以总结为：提出结论 + 分析原因 + 产生结果 + 论述。

3. 顺叙法

顺叙法就是按照事件发展的时间顺序进行叙述的方法。这是最基本、最常见的叙述方法。

用这种方法来记叙事件，可以使文章条理分明、生动有趣、耐人寻味，读者也比较容易理解。在写人物观点文时，这种顺叙法也比较常用。我们先确定一个主题，然后按照时间顺序把每部分的分论点提炼出来。

例如，之前写过一篇关于董竹君的文章，采用的就是这个方法，主题是"董竹君是如何把一张烂牌打成了王炸"，分论点如下。

① 天生傲骨，永不服输：这部分的内容是讲她虽然从小生活贫寒，却是个有想法的姑娘，即便年轻时沦落为风尘女子，也不服输。

② 开阔视野，提升格局：虽然沦落为风尘女子，却一直努力学习。

③ 聪颖好学，终身成长：不管何时何地，都不忘记自我提升。

按照人物成长的顺序，将她的一生拆解成三个分论点，每个分论点都自成系统，却又为主题服务。

用这个方法写人物观点文时，大家要注意先把中心思想和分论点确定好，以免只是以流水账的方式把人物的生平故事罗列出来。

4.8 过渡句

过渡句在文章中的作用不言而喻。一篇文章读起来很流畅，颇有一气呵成之感，原因就在于过渡自然。不同语境的转换，段落与段落之间的转折，上文与下文之间的衔接，都离不开过渡句。要想保证文章的连贯性和整体性，就必须写好过渡句。

1. 使用过渡句常见的问题

初学者倘若把握不了文章前后的逻辑，在使用过渡句时就容易犯以下错误。

（1）过渡生硬

过渡生硬会导致上文与下文之间无法联系起来，上一句讲的是 A 内容，下一句讲的却是 B 内容，读起来会有卡顿感。

（2）过渡啰唆

过渡啰唆是指在使用过渡句时，将同一个观点来回说，只是用词不一样而已，影响内容的简洁性。

（3）过渡偏差

过渡偏差是指在使用过渡句时，没有对相关论点进行描述，出现了偏离主题的情况，导致文不对题。

2. 描述素材中的转折过渡

描述素材就相当于把故事重新编排，要想把故事写得顺畅，少不了过渡句。

▶ 例

上校出生在一个小村庄，从小聪明伶俐，学东西总比同龄人快。

13岁那年，他就成了远近闻名的木匠师。倘若循此路径下去，他应该会成为一个技艺精湛的手艺人，在村里过着平静又舒坦的日子。

可这一切的美好，在他17岁那年被打破了。（**转折过渡**）

这段文字首先描述他17岁之前的生活很美好、平静。随后通过一个"可"字，自然过渡到17岁那年，衔接顺畅，自然开启下文。

表示转折关系，通常有以下句式。

① ……但是／可是……

② ……然而……

③ ……不料／没想到……

3. 描述素材中的自然过渡

自然过渡是根据上下文之间的关系，根据故事的发展，顺势过渡，承上启下。

▶ 例

《人生第一次》的导演秦博说："纪录片面对的是一个个活生生的个体，他们的经历容不得我们去讨巧，我们这四五十个人愿意用最笨拙的方法揪出那一份真。"

正因为真，所以尤为动人和可贵。我们总是追寻人生的意义，殊不知所谓的人生价值，就存在于生活的点滴中。（**自然过渡**）

用"正因为真，所以尤为动人和可贵"这句话作为过渡句，自然地衔接上文，引出下文。

4. 素材与素材之间的过渡

有些论点需要用到 2~3 个素材，如果没有过渡句将这些素材串起来，就很容易变成素材堆积，文章显得不够流畅。

在《人生第一次》纪录片中，童华容奶奶的故事尤为动人。她七十多岁，双目失明十年。即使这样，她仍旧热爱学习，学习已然是她生活中的一部分。她热爱诗词，老伴常尚慧一出门就告诉她身边的一景一物，她记在了心里，回去后仔细揣摩。她将诗念出来，老伴就写在本子上。双眼失明不要紧，只要心存热爱，生活就不会暗淡。童奶奶通过学习诗词，重新找到了连接外界的桥梁，越活越有趣。哪怕后来做了心脏手术，她仍旧活跃在老年大学的课堂上。

人生任何时候开始都不晚，这不由得让人想起了摩西奶奶的故事。（有了这个过渡句，就能把两个素材自然地衔接起来）

素材与素材之间的过渡，通常有以下句式。

① A 的故事，不禁让我想起了 B 的故事……

② 相比 A 的故事，更令人……的是 B 的故事……

③ A 故事固然……但 B 故事更……

④ ……尚且如此，更何况……

5. 素材与现实的过渡

新媒体文章讲究的是说服力，如果纯粹描述故事，则会有纸上谈兵之感，所以要联系实际生活进行说明。从故事到现实，需要用到适当的过渡句。

在《人生海海》这本书中，有人在历经苦难后依然热爱生活；有人遭遇不公后依然选择宽恕；有人犯错后懂得了救赎……

他们的人生经历又何尝不是我们以及身边人的人生写照？（将素材落地到实际）

素材与现实的过渡，通常有以下句式。

① 电视剧/故事/电影……是虚构的，可现实生活……

② ……何尝不是我们真实的人生写照？

③ 我们很多人与故事或新闻里一样……

6. 引用内容与素材的过渡

在新媒体写作中，我们经常会用到一些金句或经典文章段落。下面以引用金句为例，说明引用内容与素材的过渡方法。有些金句容易理解，这个时候我们就可以将金句的意思进一步强调、升华；如果金句是古文或者比较难理解的内容，则可以将其翻译为通俗易懂的内容作为过渡句。

▷▷ 例1

作家阿尔贝·加缪说："开始思虑，就是开始自毁。"

人生在世，偶尔多想是居安思危，可思虑过甚，迟早毁了自己。（承接上一句话的意思，对论点进一步升华）

如果没有这句话而直接描述素材，文章读起来就会比较生硬，不够自然。

▷▷ 例2

庄子曰："虚室生白，吉祥止止。"

这句话意思是说：空的房间才会显得敞亮；内心无杂物，好运才会降临。（解释名言作为过渡句）

就如人，有时候需要静下来放空自己，心才会明朗起来，也才能看清生活中遗漏的点点滴滴。

如果没有第2句作为解释过渡而直接描述素材，上下文就会出现断层的情况。

引用内容与素材的过渡，通常有以下句式。

① ……曾说过……

② 大师／哲人／有智慧的人果然一语中的……

③ 正如……所说的……

④ ……的确如此／深以为然……

⑤ 非常赞同……

⑥ 多少年来，这句话成了无数人的座右铭……

⑦ 我们常说……这并非虚言／夸大其词……因为……

⑧ 我们常说……可……不见得……

7. 素材与观点的过渡

描述完素材后，需要用过渡句衔接到论点。

▷▷ 例

前段时间跟久不联系的朋友见了一面，其间谈起了最近的生活，没想到过去的三个月她的人生发生了翻天覆地的变化。孩子发烧感冒，多次就医无果；婆婆不小心摔了一跤，要做手术；关键时刻她老公远在国外出差回不来。听完她讲的这些，我不禁鼻子一酸，责怪她为什么不告诉我，这样至少可以搭把手。朋友却说："跟你说，只会给你带来困扰，工作和生活都够你忙活的，我现在挺好的，都过去了。"

朋友说这话时，我沉默了。仔细想想，倘若自己遭遇了不幸，恐怕也只会选择默默承担，毕竟人类的悲喜不相通。（将素材与观点自然过渡）

有时候我们痛彻心扉的事故，对他人来说是不痛不痒的故事。

这个素材是用在"心酸时，不诉苦"的论点上。如果描述完素材后直接论述观点，文章就会出现堆积感，读起来很生硬。

素材与观点的过渡，通常有以下句式。

① 看完这个故事／视频……

② 听完朋友这番话……

③ 这个故事／视频／新闻告诉我们……

4.9 如何让文章更有感情

著名心理咨询师武志红曾说："在我看来，一流的小说必须具备一个特质：情感的真实。"

的确如此，优秀的文学作品都充满了情感。如果在描述故事时作者没有加入情感，文章读起来就会显得生硬、缺少感染力。

大多数初学者刚开始写文章时，都会遇到以下问题。

① 语言平平无奇：读起来不痛不痒，完全没有感情。

② 抓不住重点：该详写的简写，该简写的详写。

③ 内容表述过于失真，没有真情实感。

想要故事有感染力，在描述时就需要把自己代入场景中，感受故事主人公的情绪起伏，将情绪表现到位。例如，写到家庭暴力时会愤怒；写到贫穷时会心酸；写到生孩子时会觉得痛；写到善良时会感动……就我而言，每次写到动情的地方，都会不自觉地流泪。要记住，能感动自己的文章才有可能感动别人。

以《一个女人的好命,从"薄情"开始》这篇文章为例,其中有个分论点是"面对无底线的请求,无情拒绝"。在描述这部分内容时,初稿呈现的情绪很平淡,读起来不痛不痒,如下所示。

在豆瓣上看到过这样一个故事。

多年不联系的人,突然发来一串拼多多砍价码,随后附上一句:帮我砍一刀。

楼主回复说:"不好意思,我没有拼多多。"

对方不依不饶,连发了好几条信息。

"那你下一个呗!"

"求求你了,帮帮忙呗!"

"你先下一个,砍完再删了嘛!"

楼主再次拒绝,表示自己正在带孩子,没有空。

可对方竟没有要放弃的意思,继续自顾自地说着:

"系统显示,你砍一下,优惠最多!"

"你先帮我砍,我再帮你砍。就差你这一刀了,快!"

楼主无奈,只好砍了一刀,然后在卸载拼多多的同时,删除了那个好友。

她说删除完成后,世界也随之安静了。

终稿内容如下。

最近,我把老同学拉黑了。

前不久,他给我发了一条消息:

"动动你的小手,帮我助力一下,很快就能拿到奖品啦!"

看在老同学的份上,我点击了链接,按照步骤操作。可一两个小时后,我依然没有摸着"助力"的门道。

最后，我放弃了，直接跟他说：

"不好意思，我刚才试过了，助力不了。"

我以为这事就这样过去了。

没想到，对方马上发了一条语音过来，教我如何操作，并告诉我：

"系统显示，你助力的优惠是最多的，你就帮帮我吧！我们这么多年的同学了！"

我按照他的提示，一通操作，但还是没有"助力"成功。

本以为他会感谢我的好心好意，没想到他却说了一句：

"你根本没用心帮我助力，都是老同学了，一点情意都不讲！"

看到这条信息，我气不打一处来，但也明白，让自己陷入这种吃力不讨好的局面，都是因为太在意他人的感受。

后来，我把这位老同学拉黑了，世界也跟着清静了。

常听人说：深情的人，易得人心。此话不假，与人交往要付出真情实意，可有时候因为碍于面子而做出一些违心的举动，不见得会有好结果，不如直接拒绝来得痛快。

对比初稿，终稿表现的情绪明显更强烈。初稿只是陈述整个事件，看起来干巴巴的。而终稿多了心理描写：收到久不联系的老同学发来的求助信息→碍于情面不好意思拒绝→帮了他的忙→没帮成反被埋怨→导致这样的结果都是因为自己不懂得拒绝→这样的人，无须过多交往，拉黑就好。

新媒体写作很重要的一点是共情力。以下三个方法可以帮助大家在写作中提高共情力。

(1) 多学习心理学知识

平时可以学习一些心理学知识，了解人性后才能写出更动人的内容。

(2) 多换位思考

当你在写一件令自己很愤怒的事情时，要思考自己为什么那么愤怒；在写一件令人感动的事情时，也要思考感动的点在哪里。一篇文章首先让自己有所触动，才能感动读者。

(3) 提高观察力

一个优秀的作者，必然也是一个优秀的观察者。要学会用心观察生活中的人与事，洞悉人性。

4.10 文章结尾模板

结尾好不好直接影响读者愿不愿意转发文章，决定了文章的传播率。

1. 结尾的常见问题

写文章时，要注意避免以下四种结尾方式。

(1) 戛然而止

如果一篇文章的主题还没讲完就匆忙结束，会严重影响读者的阅读体验。

(2) 偏离主题

很多人写到结尾时就放飞自我了，完全不顾文章的主题。例如，明明主题写的是"人与人最舒服的关系"，结尾却变成了"真正聪明的人"，这就驴唇不对马嘴了。

(3) 口号式结尾

"从现在开始行动，来吧！"这种口号式结尾过于简单，不但无法升华主题，也无法让读者产生转发的欲望。

（4）车轱辘话来回说

文章的结尾就意味着到了文章的总结阶段，有的人喜欢用同样的话来回说，这样会导致读者失去阅读和转发的兴致。

2. 结尾模板

好的文章结尾大致分为三种，如果把这三种结尾模板学好了，则可以应用到大多数的新媒体文章中。

（1）巧用金句，点亮结尾

用金句给文章结尾，一来能给读者留下意味深长的感觉；二来可以再次推动情绪，促进读者转发。这篇名为《一个人最好的状态：空》的文章里，结尾设计如下。

佛经里有言："一空万有，真空妙有。""空"不是一无所有，是"有"的前提和可能，是"有"的最初因缘。许多人执着于得到，却忘记了人心容量有限，一味追求填满，不定时清理，到最后只会不堪重负。放空，是忙碌生活的短暂休憩，是获得滋养的重要源头。放空欲望，化繁为简，才能找到内心的宁静；放空成就，轻装上阵，才能越走越远；放空年龄，无惧岁月，才能体会不一样的精彩。人生路长，需要偶尔停下来，适当放空自己，才能给自己的心灵一丝慰藉。你给生活空闲，生活才能给你风景。如此，才是人生最好的状态。

结尾的第一句引入金句，紧扣文章主题，并自然衔接升华主题的内容。

（2）总结全文，升华主题

总结式结尾是新媒体文章中比较常用且易上手的结尾。对文章进行总结，能起到强化主题的作用。

《明知不问,看穿不言,知理不争》这篇文章的分论点如下。

① 明知不问,是一种修养;

② 看穿不言,是一种分寸;

③ 知理不争,是一种智慧。

文章的结尾如下。

说与不说,包含着沟通技巧,更彰显着人情练达的智慧。

为人处世的最高境界不是学识渊博,也不是富甲一方,而是懂得适可而止。

不戳人短,不揭人私,不辩人异,方能于世间通透澄明。

余生,愿我们都能认真修炼自己,拥有明知不问的修养,掌握看穿不言的分寸,饱含知理不争的智慧!

在结尾处,把文章的分论点再次总结,强调主题。

(3) 提供可操作的干货知识

这种结尾给出的内容只要能拿来用就可以,比如《学会拒绝后,我轻松多了》这篇文章,在结尾处给出了拒绝他人的方法。

① 利用幽默的方式委婉表达。

② 通过示弱争取主动权。

③ 采取转移法巧妙迂回。

这几个结尾既可以单独使用,也可以组合使用。

建议初学者可以将"金句+总结"这两个模板组合来写结尾,这样更容易上手。

第 5 章 语言润色模板

有人说语言表达能力跟个人天赋有关系,从某种角度来讲,天赋异禀确实比普通人学得快。但后天的训练更为重要,只要找到正确的方法,再加上刻意练习,我们也能写出有美感且有深度的句子。

5.1 学会仿写,让语言变得优美

王维那句"大漠孤烟直,长河落日圆"能流传千古,这要归功于语言的魅力。这句诗虽然只有 10 个字,画面感却很强。当然,对于初学者来说,要写出这样的句子很有难度,但想要提升语言表现力,并非难事,只要掌握仿写技巧,也能写出意味深长的句子。

1. 模仿的误区

(1) 模仿会失去创造力

初学者担心模仿他人的内容会让自己丧失创造力,其实不然。古往今来,通过模仿与借鉴自成一家的作家不计其数,想要写出好文章的人,第一步通常是学会模仿。

(2) 模仿太机械

所谓机械性模仿,就是在模仿优秀文章时过于呆板。例如,把一个句子里的"聪明"换成"机智",这不是模仿,而是抄袭。我们所说的模仿,是拆解句子的结构,然后总结出相关的句式,把印象深刻之处巧妙地应用在自己的文章中,在新的语境中赋予它全新的意义;也可以对原文的思路进行改造和创新,加入个人经历和情感,创造出新的内容。

(3) 模仿太局限

模仿需要发散思维,不能只看与原主题相关的内容。由原主题延伸出来的内容也需要多方查看,集思广益。

2. 模仿的正确方式

① 找出自己喜欢的语言风格。比如鲁迅先生的文字比较犀利,李娟的文字比较清新,自己喜欢什么风格,就对标什么作家去模仿。

② 拆解文章、句子、词语,体会文章的逻辑,感受句子与句子之间的联系。

▶▶ 模仿句子

原句:周旋于生活也可能被戏弄,简简单单地过才叫生活。

句式:……可能……才……

仿句:百分之百投入的感情可能被戏弄,恰到好处的付出才能长久。

原句:耽误你的不是运气和时机,而是你数不清的犹豫。

句式:……不是……而是……

仿句:破坏你心情的不是人和事,而是你数不清的抱怨。

原句:我一直以为人是慢慢变老的,其实不是,人是一瞬间变老的。

句式:……是……其实不是……

仿句:我一直以为生离死别是最悲伤的,其实不是,最悲伤的是往日的亲密无间变成了淡漠疏离。

优美的句子不是一朝一夕就能写出来的,模仿能力也不是速成的,重要的是在平时的阅读和学习中要有意识地收藏一些好词好句,然后进行仿写训练。

▶▶ 模仿段落

如果句子模仿初有成效,就可以尝试模仿段落。在仿写段落之前,要先对段落进行拆解,接着拆解句子,了解句子与句子之间的作用,这样才能整体把握文章的创作思路。例如,《美丽心灵》书评的开头如下。

1994年,66岁的纳什凭借纳什均衡论成了诺贝尔经济学奖的获得者。

让人想不到的是,这位闪闪发光的经济家,曾经竟然是一位精神病患者。

奇迹的是,在癫狂近乎30年后,纳什苏醒了,并成了数学界的里程碑人物。

他的传奇人生,被记录在《美丽心灵》这本书里。

该书的作者西尔维娅·娜萨,曾是美国权威财富杂志的作家。

作者用3年的时间,实地走访了纳什曾经生活和学习的地方,拿到了关于纳什的第一手个人资料,其中包括许多珍贵的史料和图片,在书里都是首次呈现。

这本书获得了美国书评界传记奖,已被翻译成6种语言出版,被改编的同名电影成了奥斯卡的获奖影片。

让我们一起走进《美丽心灵》,感受纳什跌宕起伏的人生。

对书评开头的分析如下。

① 简述书中主人公获得的成就。

② 转折过渡:成就斐然却是一位精神病患者。

③ 引出书中内容,表明纳什的人生故事都写在了《美丽心灵》这本书中。

后来，我在写《稻盛和夫的人生哲学》书评时，也模仿这个写了一个开头。

稻盛和夫被称为日本"经营四圣"之一。

他亲手创立了两家世界500强企业。更为传奇的是，78岁那年，他拯救了即将破产的日航。

然而，这么传奇的人物，却出身贫寒，幼年时期经历染病与战乱。

幸运的是，他没有放弃。

从一个"病秧子"到"世界传奇人物"，他的成功，有章可循。

日本著名作家北康利把稻盛和夫近90年的人生哲学和60多年的经营智慧都写进了《稻盛和夫的人生哲学》一书中。

接下来，让我们一起走进这本书，学习稻盛和夫的成事法则。

5.2 学会扩写，让语言变得更丰富

所谓扩写，就是将内容匮乏、表述空洞的部分，通过合理的想象进行扩充，使语言更生动、更形象、更有说服力。

1. 扩写的要点

① 认真阅读原文，把握好原文的中心主题，紧绕原文主题展开扩写，要注意详略得当、突出重点。

② 根据原文具体内容扩写细节，增加修饰成分。

③ 扩写要合乎情理、语言简练、内容明确。

2. 整体扩写

整体扩写通常先选择一个与话题、材料、现象相关的内容，在原文的基础上，发挥想象，增加必要的内容，使整体内容更完整、更丰富。

以下面这段原文为例。

最穷的时候，兜里没有一分钱，肚子饿得不行了。为了不让别人看出自己的窘迫，用水龙头的水假装洗脸，实则为了充饥。

这个故事画面感很强，但缺乏完整性。如果在原文的基础上增加故事背景、心理活动、环境描写，以及结局等，就会让故事更有感染力。将上面的原文用在"只有努力，才能摆脱贫穷"的主题中，扩写如下。

刚毕业时，在一线城市打拼，工资低，又不好意思跟家里要钱。（增加故事背景）

最穷的时候，兜里没有一分钱，肚子饿得不行了。为了不让别人看出自己的窘迫，用水龙头的水假装洗脸，实则为了充饥。埋头的时候，仿佛身边的人都在盯着自己看。（增加故事情节）

因为穷过，所以害怕穷的滋味。此后的每一天，为了能多赚点儿钱，我努力学习业务知识，拼命加班，成了公司晋升最快的人，再也不用过靠水充饥的日子了。（增加结果）

穷不可怕，怕的是我们习惯过穷的日子，不再努力、不再奋斗，得过且过。

3. 局部扩写

（1）用细节描述代替空泛概括

为什么你的表达让人读了不痛不痒？究其原因是表述过于空洞。例如，"天空好蓝""你好美""宫保鸡丁真好吃"，没有相关细节作为支撑，读者在阅读时就很难将自己代入场景中。想要语言有感染力，描写事物时就需要加入细节。

原句：现代人的生活压力真大。

扩写句：现代人的生活压力真大，有多少人不是背负着房贷和车贷过日子？

原句：现在是知识焦虑的时代。

扩写句：现在是知识焦虑的时代，几乎每个人手上都囤着几十 GB 的网课资源。

只有通过加入细节描述，才能让语言变得更有力度。比如面试的时候，跟面试官说你是一个学习能力很强的人，这个可信度显然不够。要向别人证明你的学习力强，就要说到具体的事项，比如"我是一个学习能力很强的人，之前每天花两小时学习平面设计，两个月后，就可以独立做优质的海报了"。

（2）将事情的发展过程描述出来

"她蹲下来，哭了"这句话，表述过于简单，没有把过程详细描述出来，读者很难有代入感。如果把她怎么"蹲下来"、怎么"哭"描述出来，效果就不一样了，比如"她双腿如灌了铅一样沉重，迈不出半步。慢慢地她靠着墙边蹲了下来，将头埋进膝盖，哭了起来"。通过一连串的细节描写，把一个人哭的过程详细地描述出来，语言就变得生动形象了，读者更容易有代入感。

注意，在描述事情的发展过程时，也需要结合文章的中心思想。如果文章的中心思想是"悲痛的情绪"，那么"痛"的过程就很重要。扩写是为主题服务，不能因为扩写，而脱离了主题、乱了逻辑。

（3）加入必要的场景和心理活动

想要提升语言表现力，就要懂得借用具体的画面。例如，"他学习很努力"，这句话无法把一个人"努力"的状态表现出来。如果加上必要的场景和心理活动，效果就不一样了，比如"已经凌晨一点了（具体时间），屋外只有汽车飞驰而过的声音（场景），他已经很困了，但为了学习，他随即站起来，用冷水洗了脸，又重新坐在椅子上"。描述出努力学习的画面，内容也变得生动形象，这样读者会更容易理解。

5.3 巧换句式，增强语言感染力

中国文字博大精深，表情达意也有多种句式，不同的句式，表达的效果也会有所不同。在行文中，适当地变换句式，不仅能使语言变得丰富多彩，而且能更好地突出主题。

1. 长句变短句

现在大多数人的阅读时间比较碎片化，长句子的内容比较多，容易使读者丧失阅读的兴趣和耐心。而且，新媒体文章讲究节奏感，短句短小精悍，活泼有力，更适合"屏读"时代。

原句：我们终其一生的努力，不过是为了在人生海海里活得更好，而要想活得更好，便要懂得放下。

修改句：人生如海，沉浮起落，想要过好这一生，唯有读懂"放下"二字。

原句：年少时总喜欢向外求，觉得身上的头衔越多越能标榜自己，认为东西越多，生活越幸福。

修改句：年少喜欢向外求，觉得头衔越多，越能标榜自己；认为东西越多，生活越幸福。

仔细对比原句和修改句就会发现，修改句的情感更充沛，表达更简洁，更符合读者的阅读习惯。

2. 肯定句变反问句

反问句比肯定句更有力量，能增强语气，引人深思，引发读者共鸣。

原句：他过得很苦。

修改句：他过得难道还不苦吗？

原句：她很委屈。

修改句：她难道不委屈吗？

在写作时，我们可以根据不同的语境，变换出更有感染力的句式。

3. 善用倒装句

倒装句的作用在于强调，能让文章的语言铿锵有力、掷地有声。

例如，鲁迅在《伤逝》的开篇就这样写道："如果我能够，我要写下我的悔恨和悲哀，为子君，为自己。"这句话就采用了倒装的表达方式，不仅表现了"悔恨"与"悲哀"，还表现了一种无可奈何之感。倘若把句子改成普通的陈述句——"如果我能够，我要为子君和自己写下我的悔恨和悲哀"，这样语言就变得平淡，感染力不强，字里行间的情绪也不够饱满。

文字有多种表达方式，熟练掌握各种句式的功能，可以灵活搭配，这样就能使文字的表现力逐步提高，久而久之就能写出优美新奇、简短且有深度的句子。

5.4 巧用修辞，让语言更生动形象

新媒体文章虽然讲究简洁有力，但如果语言过于直白就会缺少美感。巧妙运用修辞手法，可以让语言变得生动、丰富。

1. 比喻

钱钟书对修辞手法的应用可谓达到了炉火纯青的地步。他写的那句"婚姻是一座围城,城外的人想进去,城里的人想出来"一直被传诵至今。

这句话把婚姻比喻成一座围城,城内的人在经历了一地鸡毛的婚姻生活后,想逃出来;而没有进城的人对城内的生活充满了期待。很简短的一句话,读起来却意味深长。

在新媒体文章中,比喻这种修辞手法比较常见,如下所示。

① 人生是条长河,有激流也有细流,只要稳住心态,就能顺利到达彼岸。

② 他就像一个钟摆,徘徊不定,始终下不了决心做一件事。

③ 稳定的情绪就像涓涓细流,滋养万物;暴躁的情绪就像波涛汹涌,吞噬一切。

④ 困境如同大山横亘在人生路上,逃避与绕路于事无补,只有勇敢攀登,才能走向未来。

⑤ 积压的委屈瞬间爆发,眼泪像决堤的洪水,喷涌而出。

如果这些句子没有采用比喻,就会显得单薄无力,没有画面感,读者也无法感受到字里行间的情绪。

2. 排比句

排比也是新媒体文章中常见的修辞手法。在描述"讨好一个人"时,就可以用排比渲染情绪,如下所示。

办公室的椅子坏了,他自告奋勇来修;

同事的工作没做完,他主动揽了过来;

朋友的房租没有交,他就帮忙先垫上。

排比句能增强语言的节奏和气势。以上示例把一个"讨好他人"的人物形象刻画了出来，字里行间表达的情绪有悲悯、有气愤，也有无可奈何。

3. 对比

把两个事物放在一起对比，能使主题更突出，给读者的感受也会更强烈。

杜甫在《春夜喜雨》中有句诗："野径云俱黑，江船火独明。"这句诗采用了对比的修辞手法：野外和小路都是黑茫茫的一片，只有船上的灯火是明亮的，一暗一明对比，让主体更突出。

新媒体文章中常用到对比的修辞手法，如下所示。

① 有的人，在你面前是君子，背后却是小人。

② 他对外面的人这样善良与谦卑，没想到回到家却对自己的老婆拳打脚踢，真是人面兽心。

③ 比起争吵，冷暴力更伤人。

修辞手法有很多种，可以单独应用，也可以综合起来应用。要想语言更有表现力，平时就需要多读经典作品，感受大师们如何运用修辞手法让文章的语言更出众。

5.5 增加词汇量

1. 多阅读

想要语言有美感，本质上还是需要增加词汇量。我们可以多读诗歌、散文、经典名著等，看看名家大师如何遣词造句，进而感受语言的魅力。

阅读史铁生的《我与地坛》时，就读到了很多优美且有深度的词，例如：四百多年里，它一面**剥蚀**了古殿檐头浮夸的琉璃，**淡褪**了门壁上炫耀的朱红，**坍圮**了一段段高墙又散落了玉砌雕栏，祭坛四周的老柏树愈见**苍幽**，到处的野草荒藤也都茂盛得自在坦荡。

跨界阅读对增加词汇量也很重要，多涉猎不同的领域，学一学其他行业的专业术语。

颜色：草绿、湖绿、朱红、石榴红、茶色、橘黄、杏红。

家具：描金、榫卯、镂空、雕花、木雕。

建筑：古色古香、雕梁画栋、气势如虹、天圆地方。

陶瓷：色釉瓷、青瓷、素瓷、白瓷。

2. 多积累

积累词汇需要坚持，可以积累经典作品中的经典词汇、金句、优秀段落等。给自己设定一个目标：比如每天学习一个新词，并应用到文章或与人交流中，久而久之，词汇量也就大了。当词汇量大了，看到花时，就不会只写"这朵花很美丽"，而会写"朱红的玫瑰，热情奔放，像极了年轻时的梦露"；看到雪时，就不会只写"一片白色的雪地"，而会写"千里冰封，万里雪飘"。

5.6 掌握技巧，改出好文章

一篇好的文章，背后会经历无数次修改。作为创作者，要对文字有敬畏心，用匠人精神对待每一篇文章。

1. 先整体修改，再局部修改

（1）整体修改

写完文章后，我们先从选题、结构、逻辑、素材、标题等大方面对整体内容进行修改。关于整体修改，总结出了一个修改清单，如表5.1所示。

表5.1 修改清单

序号	修改项目	修改说明
1	选题	1）选题是否符合当下人们的价值观 2）选题阅读圈层是否足够广 3）选题是否能引发读者的共鸣 4）选题是否空洞
2	结构	1）结构是否清晰合理 2）分论点之间是否有强联系 3）分论点之间是否会重叠 4）分论点是否太常规
3	逻辑	1）故事逻辑是否能自洽 2）论述逻辑是否顺畅合理 3）过渡是否自然顺畅
4	素材	1）素材是否匹配主题 2）素材情节是否丰富 3）素材是否足够新鲜 4）素材是否详略得当
5	标题	1）标题是否吸引人 2）标题是否含有信息增量 3）标题是否能体现文章的主题 4）标题是否夸大

（2）修改段落逻辑

修改不是打补丁，不是这里缺什么补什么，那里多什么删什么，而是要联系整体，逐字逐句地看并思考如何完善。

以修改《〈城南旧事〉：弱者自困，强者自救，圣者救人》这篇书评为例，分析如何修改文章。

▶ 初稿段落

谈到创作《城南旧事》的初衷时，林海音说："我是多么想念童年住在北京城南的那些景色和人物啊。我对自己说，把它们写下来吧，让实际的童年过去，心灵的童年永存下来。"就这样，四十多岁的林海音带着成人的视角，重新审视孩童的世界。《城南旧事》是林海音与自己童年的告别，也是对自身成长的记录。有人从中看到了童真的可贵，也有人看到了童真背后的人生真谛。说到底，人生不如意事，十之八九。你是谁、会成为什么样的人，皆可从你遇事的态度中找到答案。

💡 **分析：** 这段内容从逻辑上看问题不大，但因为没有处理好素材和主题的关系，导致在描述素材时占用的篇幅比较多，压缩了主题的论述空间，造成了喧宾夺主的后果。这篇文章的中心思想是"弱者自困，强者自救，圣者救人"，即不同的人在遇事时有不同的态度，这就导致了他们会有不同的人生。但目前这个开头主要聚焦在"回忆童年故事"上，虽然逻辑能自洽，但显得头重脚轻，主题不突出。

▷▷ 第二稿段落

《城南旧事》作为林海音的自传体小说，记录了她童年在北京城南看过的景色、遇过的人与事，写满了她对童年的思念。这本书自 1960 年出版以来，多次再版，被称为"不会过时的经典"，也被看作回忆老北京的必读名作。林海音以自己在北京城南的童年生活为背景，以英子的成长为主线，串起了五个相互独立的故事，讲述着成人世界的喜怒哀乐。故事中的人们，出身不同、经历不同，却都经受着生活的苦难。每个故事的背后，都折射出生活的真相：在生活面前，因为人的不同，也因为每个人的选择不同，而有了各不相同的结果。同样是面对苦难，弱者毫无还击意识，一直等待被救；强者迎难而上，在苦难中成长、成熟；圣者渡己渡人，最终遇见内心的安宁。

💡 **分析：** 这一稿比初稿稍微好点儿，但问题也不少。大部分内容放在对书中内容的叙述上，忽略了主题，行文有些拖沓，节奏感比较弱。

▷ 终稿段落

1960年，林海音42岁。在经历颠沛流离、生离死别后，她越发想念生活了20多年的北京。为了让实际的童年过去，心灵的童年永存下来，她执笔写下了《城南旧事》。年少时看《城南旧事》，看到的是北京城里树影斑驳下的旧房子，听到的是城南边上骆驼清脆的铃铛声，想到的是充满乐趣的童年时光；年长后看《城南旧事》，才发现林海音把半生的人生哲学，通过英子的视角，一一说给我们听。故事中的人们，出身不同、经历不同，面对人生的态度也不同。同样是面对苦难，弱者毫无还击意识，困于原地，一直等待被救；强者迎难而上，在苦难中成长、成熟；圣者不但自渡，更能渡人。

💡 **分析：** 在改这段内容时，我专门查阅了这本书的创作背景，找到了区别于大众所写书评的视角，达到了不同质化、逻辑清晰、符合主题的效果。

✏ **（3）细节修改**

修改文章细节时，可以用以下方法。

1）增补法

增补法是指文章经过审查后，对内容有漏洞或语言表达不到位等处，进行补充和完善。这种方法可以深化内容，让文章更顺畅。

例如，《为什么老家的房子千万别卖，看完你就懂了》这篇文章，初稿中有段话如下。

"生命的所有皈依，也许最终不过是此心归处是吾乡。"

导演贾樟柯，年少时立志逃离故乡，可成年后他拍的大部分电影都涉及故乡。

有一年,他的生活变得茫然,拍电影变得无力,少年时有过的颓废感又袭上心头,便回到故乡寻求慰藉。

45岁时,他选择把家搬回故乡。

经修改后,内容如下。

"生命的所有皈依,也许最终不过是此心归处是吾乡。"

家乡是那个我们年轻时想要逃离的地方,却在火车渐行渐远时,成了心底最柔软的地方。

异地求学、打拼时,遇见同乡,总是没来由地生出一种亲切感。

漂泊在外,即使不能回到故乡,哪怕只是尝一口故乡的味道,听一句地道的乡音,都能让我们瞬间被治愈。

导演贾樟柯,年少时立志逃离故乡,可成年后他拍的大部分电影都涉及故乡。

有一年,他的生活变得茫然,拍电影变得无力,少年时有过的颓废感又袭上心头,便回到故乡寻求慰藉。

45岁时,他选择把家搬回故乡。

初稿中前两段的转折有点快,读起来有些生硬。终稿中补充了几个过渡句,使文章的内容更丰富、更有感情,过渡更自然。

2)删除法

删除法是指去掉重复、多余以及与主题无关的内容,使文章更清爽,语言更凝练。

在《原来,这就是直线思维》这篇文章中,初稿有一段内容如下。

国内著名商业咨询顾问刘润曾说:"想到和得到之间,隔着一条'做到'

的鸿沟。"

这世上有梦想的人很多，但能成功的人极少。

问题就在于，这些人想的时间越久，发现的问题就越多，也就越不敢开始。

于是，梦想就停留在等待中。

经修改后，内容如下。

这世上有梦想的人很多。

有的人想到了就去做，最终梦想成真；有的人思前想后，踟蹰不前，最终梦想就停留在等待中。

精简后，表述的意思没有变，内容显得更流畅、更简洁有力。

精简句子时，需要对文章中每个句子加以琢磨，删掉用错的标点符号、字、词，以及重复、啰唆的内容等。

① 去掉多余的"的、地、得"。

原句：听到这个消息，她是很快乐的。

改句：听到这个消息，她很快乐。

② 去掉没有必要强调的因果关系表达，以及其他不必要的句子关系表达。

原句：外面太阳很大，大家都不想出去玩，所以就继续待在家里了。

改句：外面太阳很大，大家都想待在家里。

③ 去掉重复的内容。

原句：这是一幅十分非常美丽的画。

改句：这是一幅非常美丽的画。

修改文章是项大工程，需要我们有全局观，联系整体，审查文章的思路和内容。此外，也需要有细节观，仔细推敲每句话所表达的含义，反复验证表达是否流畅和简洁，这样才能改出好文章。

3）调整法

调整法是指将文章原有的结构和内容相互调适，减少干扰，使文章表述井然有序，符合读者的阅读思维和习惯。

以《〈人生海海〉：一个人真正的强大，是放过自己》这篇文章为例，初稿中有段话如下。

小说的叙述者"我"原本过着平淡的生活，家里不算富裕却和睦幸福。但因为"小瞎子"的无端造谣，我们全家从此不得安生。

邻居乡亲的谩骂唾弃、老师和同学的故意排挤，逼得我不敢出门，一家人实在无法在村里立足。

父亲不得已之下，用一张船票把我送走。

我漂洋过海去了遥远的巴塞罗那。异国他乡的时光暗无天日，不仅要经受饥寒交迫的身体摧残，更要忍耐语言不通、孤苦无依的心理折磨。

而家中的情况更是凄惨，爷爷上吊自杀，母亲和二哥二嫂也相继离世，大哥又入赘去了别的村子，只有父亲独守老屋。

这一切的不幸都源于"小瞎子"。

经修改后，内容如下。

小说的叙述者"我"原本过着平淡的生活，家里不算富裕却和睦幸福。但因为"小瞎子"的无端造谣，我们全家从此不得安生。

爷爷上吊自杀，母亲和二哥二嫂也相继离世，大哥又入赘去了别的村子，只有父亲独守老屋。

邻居乡亲的谩骂唾弃、老师和同学的故意排挤，逼得我不敢出门。父亲不得已之下，用一张船票把我送走。

我漂洋过海去了遥远的巴塞罗那。异国他乡的时光暗无天日，不仅要经受饥寒交迫的身体摧残，更要忍耐语言不通、孤苦无依的心理折磨。

这一切的不幸都源于"小瞎子"。

经过调整，文章的逻辑更清晰、更有条理，整体更有层次感。

2. 放一段时间再改

作家斯蒂芬·金有个写作习惯，即写完小说后先放到一边不管它，过几天再拿出来修改；又过了几天，接着拿出来修改。这个习惯也值得我们学习。

写完初稿后，可以不马上修改，等过四五个小时，或者过一两天后再来修改。因为写完初稿后，我们的想法基本上已经被表达出来了，暂时无法产出新的内容。人的想法总是变化无常，当下想不到的好词好句，也许在一两天后就能想到。《〈城南旧事〉：弱者自困，强者自救，圣者救人》这篇书评的开头，我改了三次，分三个时段完成。每次改完总觉得还有可调整的空间，就会继续琢磨一段时间。文章通常没有最好，只有更好，在修改的过程不能着急。

把改稿当成学习充电的过程，这样就会越改越好。

第6章 新手如何进行日常写作训练

写作绝非一日之功,只有将它融入生活,才能持之以恒,也才能越写越好。对于初学者来说,每天写2000字的文章并不容易,但我们可以在日常生活中训练与写作相关的能力。当我们的综合能力提高了,写作就是水到渠成的事了。

6.1 阅读训练

作家玛格丽特·阿特伍德说过:"作家的童年千差万别,但是有两点是一样的:一是喜欢独处,二是热爱阅读。"

但凡在写作上有所建树的人,都热爱阅读。读是写的基础,初学者如何阅读?很简单,主要有三种方式:主题阅读、兴趣阅读和分析阅读。

1. 主题阅读

主题阅读就是在某段时间内,集中阅读同一主题的书、文章、影像等,快速获取自己想要的知识。如何进行主题阅读?分享一下我的个人经验。

例如,我有段时间特别喜欢读张爱玲的书,于是用了两个月的时间把她比较知名的小说都读完了。这样读书的好处有两点:一来可以通过作品了解作者,顺带了解作品的创作背景,这样可以为自己积攒大量的素材,为日后撰写人物观点文打下坚实的基础;二来可以学习作者的写作风格,看看他如何叙事、怎么把一个人写得活灵活现、怎么把故事描述得引人入胜，然后在这个基础上去仿写。

如果初学者不知道找哪些书目来阅读，可以借助网络平台搜索，比如豆瓣上有书籍排名，也可以输入关键词，寻找对应的书单。

2. 兴趣阅读

兴趣很重要。如果初学者不知道如何培养阅读习惯，可以从自己感兴趣的内容开始阅读。比如有的人喜欢散文，那就可以读一些名家散文，陶冶情操、沉淀文化素养；有的人喜欢历史，那就可以阅读历史类书籍，开拓自己的眼界。

3. 分析阅读

分析阅读就是反复阅读同一本书。一部优秀的作品，不是读一遍就能读明白，而是要读很多遍才能领略其中的魅力。如何把一本书读透，马伯庸分享了一个方法，那就是按目标读书，比如苏东坡读《汉书》，第一遍只读政治，第二遍读人物，第三遍读官制、兵法等，这样才能"厚积而薄发，博观而约取"。

阅读训练需要坚持。如果没有阅读基础，可以从每天 10 分钟开始，慢慢地延长时间；先阅读简单的书籍，再向高深的书籍迈进。如果有阅读基础，可以多读一些经典作品，逐渐提升自己的阅读能力和知识储备。

阅读可以帮助我们了解不同群体的生活方式，这不但能成为我们的创作源泉，还能丰富我们的人生阅历。

6.2 写作思维训练

训练写作思维可以高效提升写作能力。

1. 读者思维

把话说到人的心坎里，考验的是一个人的敏感力和共情力。我们必须知道对方需要什么，才能有针对性地给什么。写作也是如此，动笔之前，心中需有读者，要思考：这篇文章对读者是否有价值，有什么价值，能不能让读者眼前一亮。如果写作时没有读者思维，只会越写越没有阅读量。

卡耐基说，世界上唯一能影响对方的方法，就是时刻关心对方的需要，并且还要想方设法满足对方的这种需要。

在培养读者思维中，换位思考很重要，我们要想方设法地给对方想要的东西。

简单来说，就是"把别人的鞋穿在自己脚上去感受"。凡事多站在他人的角度想想，形成习惯，那么在写作时，也会自然地站在读者的角度思考问题。

生活中，每个群体都有自己的生活重心。应届生关注的是求职相关问题，全职妈妈的刚需是孩子的教养问题，每类人群都有他们重点关注的问题。我们只有写出对他们有帮助或有影响的内容，才能引发共鸣。

2. 求新思维

求新思维是在日常生活和学习中有意识地关注特殊性，保持开放思维，这样才能在写作路上越走越远。

（1）立意求新

立意求新是指文章的中心思想要新，不拾人牙慧，不要重复他人的思想和看法。例如，文章中心思想是"好的婚姻，都懂得这3点"，这个主题已经被写了很多次，如果再写就是步人后尘了。我们可以从更小的角度切入，把观点锁定在"好的婚姻，就是懂得好好说话"上，话题就更新颖了。独特的视角、新奇的角度，能激发读者的阅读兴趣。

一个话题，不同的人有不同的看法。要想文章脱颖而出，我们需要选择新的写作角度。求新时，切入点小是一种可行的方法。这种方法呈现的内容相对更具体，更容易进行深度探索，也更容易写出个性，避免雷同。

除此之外，还可以对常规观点进行反向思考，这样能让文章正中见反，有异中求新的效果。

在电视剧《人世间》中，女主人公郑娟生下来就被父母遗弃，和年迈的养母与捡来的弟弟过着一贫如洗的生活。在这个老、弱、残的家庭中，她没有户口、没有文化、没有工作机会、没有未来。观众都很同情她的遭遇，认为她的生活苦不堪言，这是我们的正向思维。实际上，郑娟活得比我们大多数人都"高级"，这种"高级"体现在她的心性上。例如，她是个坚韧的人，不管遇到什么困难，都不抱怨，也不放弃；她是个情绪稳定的人，不管遇到什么事都不会感情用事；她还是个高情商的人，能调节好一切家庭矛盾。

（2）表述求新

表述求新是指在叙述时用词精确、有个性、不落俗套。新颖的表述，能凸显文章的可读性，使文章熠熠生辉。例如，"想都是问题，做才是答案"这个主题，写的人很多，但如果换成"真正拖垮你的，是'内耗思维'"，内容核心没有变，都是讲"想得多做得少"的坏处。但是表述变了，选题一下就变得新颖了。

又如，文章的主题是"心态好了，日子就顺了"，可以将其改成"心态好了，婚姻就顺了"，也可以改成"心态好了，工作就顺了"。这些句式上都一样，只是变换了场景，这样文章的立意马上就不一样了。

让表述变得更新颖，考验我们的是灵活应用的能力，这种能力需要在不断学习中获得，看多了、写多了，也就更容易从已有的选题中挖掘出新的角度。

（3）结构求新

新媒体写作常用的结构是并列式，要想文章有新意，我们可以从结构上入手。

例如，《一个人的不幸，是从羡慕别人开始的》这篇文章，可以用递进式结构来叙述，设计如下。

① 你羡慕的生活背后，都有你吃不了的苦。

② 羡慕别人，是一种内耗。

③ 提升自己比羡慕别人更有意义。

先描述被人羡慕的生活是怎么样的→接着描述过于羡慕他人，会给自己带来的后果→告诉读者与其羡慕他人，不如提升自己，这种递进式结构呈现出来的文章更有深度。

3. 联想思维

日本有句谚语是这样说的："如果大风吹起来，木桶店就会赚钱。"这看上去是两件风马牛不相及的事，但深剖下去会发现，它们有微妙的联系。

大风吹→沙子会飞进眼睛→患眼病的人增多→盲人增多→盲人靠弹三弦（日本的一种乐器）谋生→做三弦要用猫皮，导致猫减少→老鼠作乱，啃坏木桶→买木桶的人增多，木桶店的生意火爆。

联想思维在写作中很重要。要想文章的观点新颖、有深度，可以通过联想思维找到事物之间的内在联系。如何在日常生活中训练联想思维？以"鹅卵石"为例，进行简要说明，如图6.1所示。

图6.1 关于"鹅卵石"的联想

🖋 **颜色**：鹅卵石有各种各样的颜色，就像人生不应该只有一种活法。

🖋 **形成**：地壳运动后由古老河床隆起产生砂石山，它们在经过河水的冲刷和砾石的碰撞后逐渐失去了不规则的棱角，直到浑然天成，光滑如卵。鹅卵石的一生，何尝不是人的一生。要想人前光鲜，人后必要受苦，这是亘古不变的真理。

🖋 **形状**：鹅卵石多呈圆形或椭圆形。起初的鹅卵石也是满身棱角，在经历了河水的冲刷后逐渐变得圆滑光亮。就像人一样，年轻时喜欢锋芒毕露，说话做事直来直去，后来经历了一些变故后才发现，做人应该像鹅卵石一样，懂得收敛锋芒，不张扬。

🖋 **作用**：一颗小小的鹅卵石作用不大，但千千万万的鹅卵石能铺成一条路或做成一座假山。鹅卵石是美化城市重要的材料。同样，一个人的力量是薄弱的，但千千万万人团结起来，就可以造就美好的生活。

联想思维可以帮助我们找到独立事物的共性，从而提升文章的深度和广度。联想思维需要以知识、人生阅历等为基础，并在日常生活中加以训练，这样我们才能真正掌握，也才能真正领会其中的魅力。

6.3 实战训练

对于初学者来说,一开始就写 1000~2000 字的文章,显然有些困难,很容易产生懈怠心理。所以,我建议初学者从 500 字开始,等熟练了,再增加数字。而且,在写的时候,不要随心所欲,不要为了完成 500 字的目标而乱写。这里分享四个日常写作训练的方法。

1. 综艺分享稿

我看过歌手李健的一个访谈视频,讲的是他如何面对人生的焦虑。看完后,我感触很深,写了一篇短文,内容如下。

知乎上有个问题:"人生最焦虑的时候,你是怎么过的?"

答案五花八门,每一个答案都是一种解决方法。

如何缓解焦虑?这不由得让我想起了李健的一次访谈。

他在访谈中说道:"我从来不设计自己的未来,人就应该活在当下,把今天过得很积极。'过一天算一天'这句话并不是完全没有道理,并不是完全消极的。在我看来,这句引申的意思是:人们应该珍惜今天所拥有的世界,你今天不痛不痒,已经很幸福了。"

我们大部分的人生焦虑都源于忘记当下,活在未来。

有的人二十多岁就是人生赢家;有的人三十多岁还在寻找自我;有的人当了一辈子"房奴";有的人一个背包走天下。

每个人都有自己的"花期",所谓最好的时光,是在当下。一岁有一岁的味道,一站有一站的风景,花会沿途盛开,以后的路也会越走越宽。

想要活得从容不迫,就要把目光放在当下,别让任何人打乱你的人生节奏。

我把这篇短文发到小红书上,一段时间后,浏览量超过 13 万,点赞和收藏量超过6000。这种看综艺写观点的短文，不会占用过多的时间，而且可以锻炼总结能力和文笔。此外，在不同平台上还能"涨粉"，有利于打造个人品牌。

如何写出短小优质的分享稿，大家可以参考以下公式。

事物（看了什么）＋想法／观点＋联系实际＋提出方法＋引导读者

虽然只是用于写一篇短文，但中间的逻辑很清晰。大家可以按照这个公式，在看综艺时进行总结和提炼。每天利用半小时的时间来写作，既没有负担，也能保持写作的感觉。

2. 干货分享

把目光聚焦到我们的生活中，就能发现很多值得分享的东西。写作的一个要义就是要有分享欲，把自己学到的知识总结出来，形成系统化的内容，分享给他人。

（1）设计师知道哪些网站的图片质量更好、如何搜索素材、如何配色。

（2）服装搭配师知道不同类型的人该如何穿搭、如何做好个人的形象管理。

（3）健身教练知道健身的实用方法、一些减肥的小技巧。

（4）全职妈妈知道如何喂养小孩、如何与孩子沟通。

……

每个人的经历与知识结构都不一样，你擅长的，可能是他人不擅长的。结合自己的专业知识来写作，可以让写出的内容更有价值。

3. 清单式写作

清单式写作，先确定一个中心点，然后罗列出与之相关的内容，如《提升幸福感的 10 件小事》《停止内耗的 10 条小建议》《提升行动力的 9 个小技巧》等。

每个人都有一些生活经验，如何缓解焦虑、如何对抗拖延症、如何自我疗愈，不同的人有不同的处理方法。可以把目光聚焦在自身的生活上，总结出有价值的内容，分享给他人。

写一篇书单分享文就比较容易上手。例如，最近看了一些写作类的书籍，把这些书籍的共性提炼出来，以"学好写作必备的 5 本入门书籍"为主题，用清单式进行写作。这对逻辑能力要求不高，却可以锻炼我们的总结能力。这种写作方式可以复习学过的知识点，也可以给喜欢写作的人提供学习方向。

对于初学者来说，清单式写作简单易操作，这样就比较容易坚持。

4. 复盘式写作

所谓复盘式写作，就是对过去的生活和工作作出总结，它有个很清晰的公式：总结 + 不足 + 措施。

如果领导需要你写一份工作周报或年终总结，就可以套用以上公式，例如：

总结：把这周的工作内容罗列出来。

不足：分析工作的成果和不足。

措施：针对不足提出建议。

清晰有效的复盘，不仅可以强化我们的写作结构，让表达更有逻辑、更顺畅，还可以提升我们的总结能力。我们学会写周复盘后，就可以开始写月度复盘，进而写年度复盘。

复盘式写作的结构简单，对文笔要求不高，每个人都可以写。

第 7 章
新手写作必知

《成为作家》这本书里写道:"我们每个人都有与生俱来的表达欲望。这就是写作的激情和动力。从这个意义上讲,每个人都是天生的作家。或者说,每个人身上都有作家的潜质。"

即便以前没有写过完整的文章,也无须怀疑自己。对于初学者来说,最重要的是写。本章总结了新手写作必知的四大知识点,了解了这些内容,写作之路会越走越顺畅。

7.1 写作的误区

大多数人刚开始写作时,都会有以下误区。

1. 写作需要灵感

有很多人打开电脑要写作时就觉得自己是榆木脑袋,毫无灵感。把写不出文章归结于没有灵感,这未免有些片面。因为灵感看似灵光闪现,实际上这种"闪现"是长期思考和积累的结果。灵感不是天生就有的,也不会从天而降。

要想开始写作,正确的做法是放弃依靠灵感,脚踏实地地走好每一步路。在写作前认真思考选题的重点、理解好关键词,在找素材时耐心查阅相关资料,在论述时多参考相关文章。

2. 认为自己写得不好，不敢写

有的人觉得自己文笔不佳，担心写出来的文章没有人看，因此不敢动笔。"不敢写"的根源是我们过于在意他人的看法，越在意就越难走出第一步。

实际上，我们的担心和害怕，不过是自己的内心戏，过分在乎他人的看法，这只会束缚自己的创作。即使再有名的作家，也会有人不喜欢他的作品。我们要做的是直面恐惧，大胆地表达自己的想法，开始写起来。

3. 博览群书后才能开始写作

在指导学员写作时，经常会遇到这样的问题："我读书不多，能学好写作吗？"我总说："阅读是写作的基础，但不代表你必须博览群书后才能开始写作。我们可以一边输入，一边输出。"

新媒体文章通常讲究的不是意境，而是内容价值。

有针对性地输入，往往对创作更有效果。比如你要写一篇书评，那就认认真真地把要写书评的书看完，然后查阅相关资料。

阅读与写作是相辅相成的。我们学习写作的目的不是成为作家，而是能写出观点明确、条理清晰的文章。

4. 只要多写，就能写好

写作时，如果只知道埋头苦干、闭门造车，那么不管写多少，也只会原地踏步。在输出的同时，也要边输入，边改进。我们可以向写作好的人请教；可以通过在不同平台发表，听取读者的声音；可以通过投稿来了解不同稿件需求方的写作要点和要求等。

写作过程中，正确的反馈回路至关重要，它可以使我们进步更快。

7.2 新手写作心态管理

写作是一件需要坚持的事情，如果没有良好的心态管理能力，多半写着写着就放弃了。在写作这件事上，心态管理比技巧更重要。

1. 写作，最重要的是热爱

有人曾问作家斯蒂芬·金："你写书是为了赚钱吗？"

他说："我确实通过写小说赚了不少钱，但我不曾为了拿稿费而写过哪怕一个字。我写作是为了自我满足，我也许借此还清了房贷，送孩子上了大学，但这些都是附加的好处，我图的是我能沉醉其中的那种乐趣，为的是纯粹的快乐。你如果是为了快乐而做事，就可以永远做下去。"

因为热爱，所以乐在其中。做任何一件事都需要热爱，只有热爱，才能坚持。

这些年，我能坚持的事情不多，写作算一个。这是因为我热爱与文字打交道，并能享受其中的苦与乐。

2. 完成比完美更重要

有句话说："某些拖延行为其实并不是拖延的人能力或者努力不够，而是某种形式上的完美主义倾向或求全的观念使得他们不肯行动，导致了最后的拖延。他们总说多给我一点时间，我能做得更好。"

很多人在开始写时，就希望自己能一鸣惊人。但期待过高，往往会以失望告终。为了琢磨一个开头而无法继续写后面的内容时，你只会越来越焦虑，导致写不下去，最后只好放弃。

实际上，开头写得粗糙不要紧、中间内容写得不好也无所谓、结尾不太扣题也没关系，重要的是我们写了，这样才有修改的机会。好的句子不是瞬间就能写出来的，有共鸣的内容也绝非一朝一夕就能写出来。

倘若总是用一切都要完美的态度来要求自己，这不但会承受较大的心理压力，而且容易情绪化，加速放弃写作。完美是努力的方向，但不是结果。

我们不能保证每个观点都一针见血，也不能保证每个句子都入木三分，只有先完成文章整体内容，才有机会修改和迭代。

接受自己的不完美，接受有瑕疵的结果，才能越写越好。

3. 写作不是一朝一夕的事情

《向上生长》这本书中有段话我特别认同："你费尽千辛万苦，背了五千个单词，基本不会有什么用，等到了八千个，效果一下子就出来了。但是60%的人'死'在了起跑线上，剩下的30%'死'在了'临界线'之前，只有不到10%的人能突破那条线，拿到回报。等你有了一万多词汇量的时候，会突然发现，自己能听懂美剧在说什么了。"书里写的是背单词的技巧，可放在写作上同样适用。

在教写作的这些年，相对于"快"的人，我更喜欢教"慢"的人。因为慢的人，往往走得更稳、更远。

有时候，写作最大的障碍，不是我们不知道写什么，也不是写不下去，而是太着急。

作家林海音曾说："人活一世，要学骆驼，沉得住气。看它从不着急，慢慢地走，慢慢地嚼，总会走到的，总会吃饱的。"

做事太着急，大脑就容易失去理智，一些负面情绪就会涌上心头，让我们失去了思考力和判断力。

我曾因为着急而写不出东西。分析后发现，我着急的原因是：觉得选题好，害怕别人捷足先登；怕自己耽搁太久，没有创作欲望。当我放下对结果的期待，专注过程时，写稿思路就逐渐明朗起来了。写作最忌惮的就是操之过急。

7.3 新手快速上稿技巧

影响文章上稿的因素有很多，但如果在下笔之前，能注意以下五点，则可以提高上稿率。

1. 新手从小平台的账号开始投起

如果自己是个纯小白，没有写过一篇完整的文章或者以前写的都是一些流水账，那么建议从一些小平台的账号开始投起。因为它们对选题、结构、素材的要求比较低，容易上稿。写作初期最重要的是建立信心。一旦上稿了，成就感就来了，信心也就跟着来了，写作心态就会越来越好。

2. 研究平台调性

在下笔之前，一定要认真研究、拆解目标平台的文章。

举个例子，十点读书的文章偏温暖治愈系，而且这个平台的读者大多是女性，发文的方向是人物观点文、书评观点文、鸡汤观点文等。如果你拿小说去投稿，就算文笔再好、情节再精彩，也不可能通过。

每个平台对素材的偏好不同，所以我们在搜集素材时，尽量找与平台调性相符的内容。

3. 不上稿很正常，正确看待上稿

学习我指导的写作课后，有的人看到其他小伙伴上稿时，就很着急、很沮丧，觉得自己技不如人，这种心态很正常，也能理解。但上稿这件事

跟每个人的知识储备、人生阅历、学习能力、领悟力等有很大关系。有的人不喜欢鸡汤观点文，怎么写都很别扭，但写起人物观点文就很顺畅，感觉打通了任督二脉。

所以，给自己一个缓冲期，不要期待一次就能上稿，我们要做的是认真地学好写作的基本功，然后不断实践。

正确看待上稿，把每次的输出都当成练笔，认真对待每一篇文章，这样你一定会有所进步。

从 0 到 1 很困难，但是从 1 到 100 会相对容易。上过稿的人，在努力和坚持下，会在不断上稿的路上前行。

4. 认真改稿

没有人能第一次就写出行云流水的文章。接纳自己写不好的事实，虚心接受他人的教导，认认真真地改稿，才能达到满意的效果。

我写稿时，推翻重来是很常见的事。我记得第一篇上稿的文章，推翻重写了三次。在写的过程中，我不断琢磨收稿平台的风格，不断地修改，直到第四稿，才被收稿平台采用。这就意味着前面写的三稿都作废了。但我不觉得难过，因为在不断推翻重来的过程中，我学到了很多东西。有些路，我们需要自己走一遍，才能把理论知识落地。

5. 仔细检查文章，确保无误

提交出去的文章，是自己的作品，代表了你的个人品牌。在投稿之前，要反复查阅文章，看有没有病句、多余的词语、用错的标点符号、逻辑不通顺等问题。一个懂得在细节上要求自己的人，很难不成功。

每次交稿之前，我都会把自己的文章反复读上四五遍，每一遍都能发现一些新问题,这使我不断迭代出质量更高的文章。

7.4 写作经典 10 问

在教写作的过程中,我遇到过五花八门的问题。下面把一些典型的问题及回复归纳起来,希望能给大家一些启发。

1. 不知道写什么,无话可说

也许不是无话可说,而是状态不佳,所以迟迟没有下笔。越是不写,越是不想写,然后就陷入无限的拖延中,最后放弃了。实际上,世间万物都可以成为我们创作的对象,当你沉下心来与自己对话,回忆过去让你感动、难过、高兴的事情,就能萌发出写作的欲望。

有的人喜欢阅读小说,那就可以对小说内容进行归纳整理,写成书稿,输出观点;有的人对人情世故感兴趣,就可以分享一些人际交往的技巧。

2. 明明心里知道要写什么,写出来却离题万里

心里明白跟写出来是两回事。有没有理解主题,最好的检验方法就是把你的创作思路说给别人听。如果别人听得懂,就说明我们的思路没有问题;如果别人听不懂,那思路肯定有问题。

写作前,需要仔细推敲文章要表达什么,从哪几个方面呈现中心思想,这几个方面在逻辑上有什么关系、会不会重复等,而不是有个大概的方向,就开始写。

3. 写得太慢了,别人写了好几篇,我一篇都没写完

我自己写作也很慢,从萌发观点到交稿,大概要两三天的时间,但我

改稿的次数少，基本上一稿就过了。究其原因，是我在初稿上下功夫了。

每个人的知识储备都不一样，写作速度自然也不一样。没有必要强迫自己跟别人一样快，不要追求速度，要追求质量。

4. 想写自己的负面经历，但害怕被别人知道

有句话说："写作是一种疗愈。"我很认同这个观点，我们每个人都有过负面经历，遭受过伤痛。

敞开心扉来写，不必在乎他人的看法。直面伤痛，是抚平伤痛的第一步，而想要与伤痛和解的最好方式就是讲出来或者写出来。那些被分享出来的伤痛，也许还会治愈那些正在遭受伤痛的人。

在写作时，我们可以通过改变写作视角、优化故事情节等方式来保护个人的隐私。

5. 写到一半就写不下去了怎么办？

写到一半就卡壳，是写作者的常态。每次遇到这种情况，我会停下来思考，分析写不下去的原因。如果是逻辑有问题，就要回去继续研究文章的中心思想；如果素材有问题，就重新找素材。找到原因，再有针对性地解决问题，也就能继续写下去了。

6. 觉得自己的文笔很差，写出来的文章平平无奇

新媒体文章对逻辑性要求高，就算文笔不佳，也不妨碍我们写出吸引人的文章。

把一件事情描述清楚，提出有价值的观点，这就够了。而且，写得多了，文笔也会越来越好。

7. 总觉得自己的逻辑混乱，内容前后联系不起来

对于大多数刚学习写作的人来说，逻辑混乱是正常的。刚开始写时，我会把相关的分论点写到笔记本上，一点一点地分析其中的逻辑关系。想要提高逻辑能力，一个有效的方法是拆解优秀的文章，明白有逻辑的文章是如何写出来的，这样才能写出有逻辑的文章。

8. 写作坚持不下去怎么办？

（1）偷个懒，放松一下

弦绷得太紧肯定会断，写作也是如此。如果一直处于产出的状态，确实不太容易坚持下去。因此，坚持不下去的时候，不妨偷个懒，让自己放松一下，做自己的喜欢的事情——跑跑步、听听音乐、看看电影等。

（2）放下写作目标

写自己喜欢的内容，不以上稿、高阅读量为目标，放下期待，不被结果束缚。

（3）给大脑充电

有时候坚持不下去，是因为无话可说，这提醒我们要开始输入了。我们有输入，才能有输出，空荡荡的大脑，写不出有深度的文章。

9. 想写的内容都被别人写了，还有写的必要吗？

亲情、友情、爱情都是人类永恒的主题，多年来，大家喜欢看的，也是这些内容。

事实上，就算是同一个主题，每个人的理解也不一样，因此写出来的文章也就不一样。只要能引发读者的共鸣，就是好文章。

10. 总是被拒稿怎么办?

没有哪条路是一帆风顺的。总是被拒稿,如果自己的基础差,那么可以根据本书的模板进行训练;如果不是自己的基础差,有可能是自己的文章不适合所投稿的平台,可以根据平台的要求修改,也可以投到其他合适的平台。文字有很强的主观性,别人拒绝不代表你写得不好,只是不合适罢了。